Ulf Fink

Die neue Kultur des Helfens

Ulf Fink

Die neue Kultur des Helfens

Nicht Abbau, sondern Umbau des Sozialstaats

Piper
München · Zürich

ISBN 3-492-03242-7

Gesetzt aus der Times-Antiqua
Satz: Uhl + Massopust, Aalen
Druck und Bindung: May & Co., Darmstadt
Printed in Germany

Inhalt

Wandel der Gesellschaft 9
Der Sozialismus ist am Ende 9
Jenseits von Angebot und Nachfrage 11
Die Abwägungsregel 15
Der Mensch ist wichtiger als die Sache 17
Das Subsidiaritätsprinzip 18

Umbau des Sozialstaats 20
Viel Geld für Soziales 21
Nicht immer mehr vom Gleichen 22
Mehr für Kinderreiche, weniger für Kinderlose 23
Mehr für ambulante, weniger für stationäre Pflege . . 27
Mehr für Arbeit, weniger fürs Nichtstun 29
Konsequenzen 31

Kultur des Helfens – Zur Zukunft sozialer Netze und Dienste 33
Die kleinen Netze stärken 33
Das primäre Netz: Familie und privater Haushalt . . . 34
Das neue Verhältnis von Mann und Frau im Familien- und Arbeitsleben 39
Wie können wir die Familie und andere soziale Netze fördern? 42
Solidarität zwischen Jung und Alt 45

Der neue Generationenvertrag und das Konzept der Sozialzeit 48
Selbsthilfegruppen 53
Hilfsbereitschaft und ehrenamtliche Tätigkeit 56
Sozialer Dienst als demokratische Bürgerpflicht . . . 62

Arbeit und Beschäftigung 68
Arbeit für alle – der kategorische Imperativ der Arbeitsgesellschaft . . 68
Arbeit hat Vorrang vor Kapital 69
Der Irrglaube an ein garantiertes Grundeinkommen 71
Arbeit ist nicht nur Erwerbsarbeit 73
Berliner Modell: Pflegerente 74
Neuverteilung zwischen Erwerbsarbeit und Nichterwerbsarbeit als Beitrag einer aktiven Arbeitsmarktpolitik 76
Berliner Modell: Das Stufenprogramm 79
Arbeitszeitverkürzung 88
Arbeitszeit »à la carte«, Zeitsouveränität für Arbeitnehmer 91

Technik und Modernisierung 98
Die technische Gesellschaft, eine technokratische Gesellschaft? 98
Soziale Bestimmung der Technik 102
Neue Techniken, neue Zentren 107
Verschiebungen und Verfestigungen im industriellen Weltsystem 110
Neue Techniken, veränderte Industriestruktur: sächliche und personale Tätigkeiten 114
Das Kleine im Großen. Die Wirklichkeit des Subsidiaritätsprinzips in der Industriestruktur 120
Technische Umwälzungen, Umschichtungen am Arbeitsmarkt 124

Wandel der Arbeitswelt, Wandel der Sozialstruktur . 130
Mehr Technik, mehr Politik 135
Tele-Alltag und Roboter, Teil des modernen Lebens 139
Technisierung des Alltags, mehr Wahlmöglichkeiten für Erwerb und Eigenarbeit 145
Komplexere Technik, kompliziertere Ethik 150
Abschätzung und Bewertung von Technikfolgen am Beispiel der Atomtechnik 157

Ökologische Frage und Umwelt 165
Eine epochale Herausforderung 165
Ökologische und soziale Frage 167
Internationale Abhängigkeiten 170
Wohlstandswachstum und Umweltbelastung – ein unverantwortbares Dilemma 173
Vorsorgende Umweltpolitik aus der Perspektive sozialer Ökologie 174
Vom nachgeschalteten zum integrierten Umweltschutz 176
Umwelt und Gesundheit 183
Gefahr erkannt, aber nicht gebannt 186
Steigende Schadenskosten, sinkender Nutzen 189
Für eine Umweltethik ohne doppelten Boden 191
Subsidiäre und solidarische Umweltpolitik 195

Wandel der Gesellschaft

Der Sozialismus ist am Ende

Die Systeme des real existierenden Sozialismus zerfallen. Eine Bewegung, die auszog, Hoffnung und Befreiung für die breiten Massen zu bringen, schuf einen Alltag – grau, eintönig, bedrückend. Die Ideale des Sozialismus – soziale Gerechtigkeit, Solidarität – sind in der Praxis des Sozialismus verkommen zu Funktionärswirtschaft, Bürokratismus und Unterdrückung. Ein halbes Menschenleben nach Kriegsende stehen Millionen gegen diese Systeme auf. In China haben furchtbare Greise durch brutale Waffengewalt den Demokratisierungsprozeß unterbrochen – verhindern werden sie ihn nicht. Der Sozialismus hat abgewirtschaftet.

Was aber nun? Können wir die westliche Art zu leben statt dessen zur Nachahmung empfehlen? Eins ist sicher: Wenn auch die sozialistischen Länder so leben würden wie die westlichen Länder, die Katastrophe wäre vorprogrammiert. Was wir an Rohstoff und Energie verbrauchen, was wir an Risiken für die Zukunft produzieren, um so leben zu können, wie wir es tun, ist schon jetzt zuviel. Zur Klimakatastrophe ist es nur deshalb noch nicht gekommen, weil die westlichen Industrieländer wie eine Handvoll Superreicher in einem Meer von Armut leben. Wenn man andererseits bedenkt, wieviel Energie und Rohstoffe in den Ländern des Ostblocks vergeudet werden, dann wird einem schnell klar, daß beide Systeme, allerdings mit sehr unterschiedlichen Auswirkungen, die Ressourcen plündern. Hätten die sozialistischen Systeme eine den westlichen Industriegesellschaften vergleichbare Effektivität, wäre eine beträchtliche Wohlstandssteigerung möglich.

Allerdings hätte ein vergleichbarer Wohlstand mit vergleichbaren Energie- und Rohstoffrelationen zugleich erhebliche Konsequenzen für alle. Eine solche Steigerung würde unsere Erde praktisch nicht aushalten. Schon aus ökologischen Gründen empfiehlt es sich daher nicht, das westliche Modell in den sozialistischen Ländern zu kopieren.

Wir werden das Wohlstandsgefälle zwischen den westlichen und den Ländern der östlichen und südlichen Hemisphäre aber auch nicht endlos aufrechterhalten können. Was also tun? Einen einfachen Ausweg gibt es nicht. Auch nicht den durch Wachstum. Unsere Welt ist endlich. Wir können nicht ins Unendliche wachsen.

Der real existierende Sozialismus ist tot. Doch auch wir werden nicht daran vorbeikommen, unsere Art zu leben zu ändern.

Zwischen den westlichen Industrieländern gibt es erhebliche Unterschiede in der Wirtschafts- und Gesellschaftsordnung. Hier könnte man ansetzen. Ich halte nicht viel davon, selber immer für andere Modell und Beispiel zu sein. Für die Entwicklung einer zukünftigen Wirtschafts- und Gesellschaftsordnung könnte die Bundesrepublik Deutschland allerdings ein Vorbild sein. Die wirtschafts- und gesellschaftspolitischen Ordnungsvorstellungen, wie sie in die Konzeption der sozialen Marktwirtschaft eingeflossen sind, stellen eine Art dritten Weg zwischen Sozialismus und Kapitalismus dar. Dieses Ordnungsmodell ist von Christen im Widerstand gegen den Nationalsozialismus entwickelt worden. Es verknüpft die Elemente der Eigeninitiative und der Selbstverantwortung mit den Elementen des sozialen Ausgleichs und der Mitverantwortung. Es ist vor allem ein dynamisches Konzept, das fortentwicklungsbedürftig, aber auch fortentwicklungsfähig ist, z. B. in Richtung Ökologie. Entscheidend wird sein, ob die Menschen diese Fortentwicklung wollen, oder ob sie sie nicht wollen. Wenn sie bei einer Fortentwicklung nur verlieren, werden sie sie nicht freiwillig akzeptieren. Die Frage lautet also: Haben wir nur etwas zu verlieren, oder können wir auch etwas gewinnen?

Jenseits von Angebot und Nachfrage

Was können wir in den westlichen Industrieländern gewinnen, was möglicherweise durch die Öffnung der östlichen Länder lernen? Diese Frage kann man nur beantworten, wenn wir uns klarmachen, wo Fehler gemacht werden, was uns fehlt. Im Bereich des Umweltschutzes sind wir bereits an diesem Punkt angelangt. Wir beginnen zu erkennen, daß uns etwas fehlt. Die überragende Zukunftsfrage ist die nach den Möglichkeiten für das Überleben der Schöpfung. Wir gehen mit den Rohstoffen dieses Planeten um, als hätten wir im Notfall noch einen zweiten. Jedoch die Menschen bei uns beginnen zu erkennen, daß der Lärm, der Schmutz, verstopfte Straßen u. a. m. ihr Leben unmittelbar beeinträchtigen. Aber ist uns wirklich das ganze Ausmaß drohender Klimaveränderungen bewußt? Wissen wir, daß wir einen Treibhauseffekt verursachen, der später weite Teile der Erde der Überschwemmung infolge schmelzender Polarkappen preisgibt? Überschauen wir das ganze Ausmaß technischer Neuerungen, wissen wir um die Risiken der Kerntechnik bis zu den Möglichkeiten der gentechnischen Manipulation der Erbmasse? Ist es nicht so, daß wir noch in einem unverantwortlichen Maß zu Lasten der Länder der Dritten Welt und vor allem zu Lasten der Zukunft für die Gegenwart leben?

Ein wirklich präventives Programm, dessen Ziel es ist, zu verhindern, daß wir weiterhin in ökologisch unverantwortlicher Art und Weise leben und wirtschaften, ist noch nicht entwickelt und noch nicht durchgesetzt worden. Wir betrachten die Luft und das Wasser immer noch als eine Art freies Gut. Nicht der einzelne Produzent, nicht der einzelne Verbraucher muß den Preis für die Verschmutzung des Wassers oder für die Beeeinträchtigung der Luft bezahlen, sondern alle gemeinsam. Umweltfreundliches Verhalten des einzelnen wird also nicht individuell belohnt, umweltfeindliches Verhalten nicht bestraft. Verbote und Gebote sind sicher angebracht und notwendig, aber bei Zehntausenden von Stoffen – wer will da all diese Stoffe durch eine Bürokratie bewerten und mit Ge- und mit Verboten versehen? Nein, richtiger wäre es, wenn die Beeinträchtigung der Umwelt genauso wie die Risiken der Produktionsverfahren in die Preisgestaltung eingehen würden mit der Konsequenz, daß Produkte und Produktionsverfahren, die mit Umweltbeeinträchtigung, mit Risiken behaftet sind, teurer würden als dies jetzt der Fall ist. Heute verdrängen umweltfeindliche und risikobehaftete Produkte und Produktionsverfahren solche, die umweltfreundlich und sicher, aber relativ teuer sind. Das wäre ganz anders, wenn die Umweltbeeinträchtigung und die Risiken in die Produkte und Produktionsverfahren mit eingehen würden. Was wir brauchen, ist nicht nur eine Teilkostenkalkulation, sondern eine Vollkostenkalkulation, die die Kosten der Umwelt mit berücksichtigt. Wir brauchen einen neuen Ordnungsrahmen, eine ökologische Orientierung der sozialen Marktwirtschaft.

Wir müssen aber nicht nur die Natur schützen, wir müssen auch den menschlichen Nahbereich schützen. Der Anteil der Ein-Personen-Haushalte wächst. Lebte 1950 nur jeder fünfte bei uns allein, so ist es heute bereits jeder dritte. In den großstädtischen Metropolen ist es schon jeder zweite. Verbirgt sich hinter dieser Entwicklung nicht eines der ganz großen Probleme der modernen Industriegesellschaft, nämlich die Vereinzelung und Verarmung an sozialen Kontakten? Müssen wir nicht mit dazu beitragen, daß an die Stelle der alten sozialen Bindungen neue treten? Müssen wir uns nicht neben der Stärkung der Familie auch um die sozialen Bindungen kümmern, die über die Familie hinausreichen? Wir haben viele Fortschritte erzielt, besonders wirtschaftliche Fortschritte. Aber diese Fortschritte haben etwas gekostet. Der Fortschritt hat einen Preis, einen menschlichen Preis. Die ungestüme Entwicklung des Industriesystems hat die soziale Umwelt, ihren Nahbereich, Nachbarschaft und Familie in Mitleidenschaft gezogen. Wir brauchen eine neue Mitmenschlichkeit, ein Mehr an Beziehungen. Wir müssen das Soziale, das wir lange Zeit unbeobachtet gelassen oder ausgegrenzt haben, zurück in die Gesellschaft holen. Durch Nachbarschaft und Sozialstationen, durch Zentren der Hilfsbereitschaft und Selbsthilfegruppen kann jeder seinen Teil finden. Das Motto der Zukunft könnte lauten: Nachbarschaftsheime statt neue Ämter, Treffpunkte der Hilfsbereitschaft anstelle von immer mehr Straßen, Selbsthilfetreffs statt Oberstufenzentren.

Über den Reichtum einer Gesellschaft und über das Glück der Menschen entscheidet nicht nur das Bruttosozialprodukt, sondern entscheiden auch die sozialen Beziehungen, die tragfähig sind: Bindungen, die Menschen füreinander eingehen, soziale Dienste, die sie füreinander erbringen, kurzum soziale Netze, die Menschen füreinander knüpfen und die sie auffangen, wenn sie in Not sind. Es gibt Bindungen, die den Menschen erniedrigen, aber es gibt auch Bindungen, in denen der Mensch erst richtig Mensch wird.

Die Erziehung des Kindes und die Pflege eines kranken Angehörigen sind Tätigkeiten, die für die Gesellschaft unverzichtbar sind. Sie werden bei uns wenig anerkannt. Aber das heißt doch nicht, daß sie nicht wichtig sind, sondern das heißt doch nur, daß in unserer Gesellschaft zu wenige diese Aufgabe wirklich wichtig nehmen. Was wir brauchen, ist nicht nur ein Wachstum des Bruttosozialprodukts, sondern wir brauchen auch ein Wachstum an Beziehungen.

Vielleicht könnte das Motto der Zukunft einmal lauten: Der Mensch, der einen anderen Menschen pflegt, darf nicht schlechter gestellt sein als der, der eine Maschine bedient.

Die Gesellschaft wirkt tief auf die persönlichen Lebensentscheidungen des einzelnen ein. Das wird besonders deutlich an der veränderten Stellung der Frau. Noch immer müssen sich Familien dem Arbeitsmarkt anpassen, statt umgekehrt. Wahlfreiheit sollte der zentrale Bezugspunkt der Politik sein. Den Frauen, besser ausgebildet als je zuvor, soll nicht vorgeschrieben werden, sich ausschließlich um Haushalt und Familie zu kümmern, wenn sie es nicht wollen. Es soll ihnen aber auch nicht vorgeschrieben werden, erwerbstätig sein zu müssen, wenn sie es nicht wollen. Sie müssen auch die Möglichkeit haben, Haushalt und Erwerbstätigkeit miteinander zu verbinden. Und Frauen müssen das Recht haben, in unterschiedlichen Lebensphasen neue Schwerpunkte zu setzen. Das ist heute sehr, sehr schwer. Wir wissen, daß Kinder in der ersten Lebensphase der beständigen Zuwendung durch einen liebevollen Erwachsenen bedürfen. Wir wissen aber auch, daß heute eine Frau in der Regel noch die Hälfte ihres Lebens vor sich hat, wenn das jüngste Kind das Haus verläßt, und wir wissen ebenfalls, wie merkwürdig wenig sich im Verhalten der Männer ändert, wenn ihre Frau halb- oder ganztägig beschäftigt ist. Nicht die Überlastung der Mutter prägt die Bereitschaft der Kinder zum Mithelfen, sondern das Verhalten des Vaters. Mann und Frau sollen ihre Aufgaben frei miteinander vereinbaren können. Dazu gehört aber auch, daß die Lasten gerecht verteilt werden. Von einer Fortentwicklung unserer Wirtschafts- und Gesellschaftsordnung, die nicht nur auf mehr Wohlstand ausgerichtet ist, kann unsere Gesellschaft gewinnen.

Es gibt keine Alternative zur sozialen Marktwirtschaft, es

gibt aber Alternativen in und mit der sozialen Marktwirtschaft. Dazu gehört die Erkenntnis, daß nicht alles Neue über neue Steuern und neue Beiträge finanziert werden muß. Wir müssen den Mut aufbringen, durch Umschichtungen Platz für notwendiges Neues zu schaffen.

Die Abwägungsregel

Der Ausdruck »Wert« signalisiert, daß es in aller Regel nicht darum geht, ob etwas gilt, sondern »wieviel«, »wie weit« etwas gilt, also Gewicht hat. So hat es zum Beispiel fast etwas Irreführendes, wenn man von der Familie als einem Wert spricht. Die Familie ist eine Gemeinschaftsform, eine bestehende Institution. Die Wertigkeit der Familie kommt dann in den Blick, wenn man sich fragt, wieviel sie einem wert ist, wie lieb und wie teuer diese Gemeinschaft ist, wie sehr man sie schätzt, was man für ihren Schutz auf sich zu nehmen bereit ist, verglichen mit anderen Bereichen. Erst dadurch ergibt sich ein Mehr und Weniger, Höher und Niedriger, eine Rangordnung von Wertigkeiten, eine Wertordnung. Verantwortungsethik verlangt ein Höchstmaß an Klarheit und Ausdrücklichkeit der eigenen Wertordnung, verbunden mit ungebeugter Tatsachentreue und beide aufeinander bezogen durch eine hochstehende Disziplin der Toleranz, der Gesprächs-, Konflikt- und Kompromißfähigkeit.

Eine Wertordnung zu formulieren ist nicht einfach, vielleicht sogar unmöglich. Am ehesten lassen sich Wertentscheidungen treffen, wenn man sich entscheiden muß, was einem im Zweifelsfall wichtiger ist: Gesundheit oder Reichtum, Schönheit oder Klugheit. Wohlgemerkt ist vom Zweifelsfall, vom Entscheidungsfall die Rede. Daß man lieber gesund und reich als arm und krank ist, ist nicht nur ein Witz, sondern auch eine

Selbsterklärung jener technokratischen Tat- und Erfolgsideologie, die im Interesse der Eigennutz-Maximierung glaubt, sich über die entscheidenden Wertordnungs-Fragen hinwegsetzen zu können.

In der praktischen Politik steht man unaufhörlich vor der Herausforderung, Prioritäten zu setzen, also Wertentscheidungen zu treffen. Dabei zeigt sich, daß man de facto einer Reihe von programmatischen Prioritäten folgt. Typisch dafür ist zum Beispiel, daß gefragt wird, was soll Vorrang haben: Ökonomie oder Ökologie? – das Solidaritäts- oder das individuelle Leistungsprinzip? – eine stabile, sichere Entwicklung oder schnelle maximale Zuwächse? – Behutsamkeit oder Risikofreude? Auf dieser Ebene hat es keinen Sinn mehr zu sagen, wir müssen sehen, daß beides zu seinem Recht kommt. So billig kommen wir nicht davon.

Gerade im Hinblick auf die epochalen industriellen Entwicklungsprobleme und die damit verbundenen ökologischen und sozialen Fragen ist es meiner Ansicht nach heute erforderlich, hier zu einer grundlegenden Neufestlegung zu kommen. Man kann sagen, daß es zu der Wertordnung der industriellen Aufbauphase gehörte, Wirtschaftlichkeitserwägungen, schnellst- und höchstmöglichen Zuwächsen, der Risikobereitschaft einen grundsätzlich höheren Stellenwert einzuräumen. Im Zweifels- oder Konfliktfall wurden Gemeinschaft und Natur dem ebenso geopfert wie Solidarität, Stabilität und Sicherheit. Mit dem Übergang zum industriellen Umbau kehrt sich dies grundlegend um: im Zweifelsfall muß Ökologie mehr Wert sein als Ökonomie, ist stabile Entwicklung wichtiger als unkontrollierbare Wachstumsdynamik, soll Solidarität Vorrang vor der produktivistischen Einzelleistung genießen, muß Behutsamkeit vor gewagter Risikofreude gehen. Angesichts der technischen Tatsache, daß heute selbst sehr kleine Risikowahrscheinlichkeiten größte Wirkungen entfalten können, ist eine solche Prioritätensetzung verantwortungsethisch geboten.

Das heißt nicht, daß das jeweilige Gegenstück nichts mehr gilt. Es gilt nicht mehr so viel. In Wirklichkeit handelt es sich ja um Paare von Sachverhalten, ähnlich wie das Verhältnis von Freiheit und Sicherheit. Sowenig die Gewährleistung von Sicherheit in Freiheitsberaubung ausarten darf, sowenig sollen nun Wirtschaftlichkeit und Leistungsprinzip der Solidarität in und mit der Gemeinschaft und der Natur geopfert werden. Es ist eine Frage des Maßes und der klaren Priorität für den Zweifelsfall.

Der Mensch ist wichtiger als die Sache

Es geht darum, das System von Markt und Staat in seine Umwelt besser einzubetten und zwar unter ökologischen Gesichtspunkten in die natürliche Umwelt und unter sozialen Gesichtspunkten in die kulturelle, die gemeinschaftliche, die alltägliche, die soziale Lebenswelt der Menschen. Wenn wir eine menschenwürdige Gesellschaft wollen, dürfen wir die großen gesellschaftlichen Systeme nicht als eine große Maschine betrachten, der wir uns bedingungslos anzupassen haben. Genau umgekehrt – wir müssen die Perspektive der einzelnen Person, der Familie, der Gemeinschaft einnehmen und von dieser Perspektive aus die Systeme prüfen, inwiefern sie unseren Zielen entsprechen und sie gegebenenfalls rekonstruieren, soweit dies der willentlichen politischen Einflußnahme zugänglich ist.

Diese Sichtweite erinnert an das Personalitätsprinzip der christlichen Soziallehre. Der Mensch ist Person, und deshalb darf er nie als Sache (»Menschenmaterial«) behandelt werden, über ihn darf nie wie über eine Sache verfügt werden (Oswald von Nell-Breuning). Als Person ist der Mensch ein seiner selbst bewußtes und denkendes Wesen. Der Massenmensch hat seine geistige Selbständigkeit abgelegt und folgt blindlings den Befehlen seiner Partei oder des totalen Staates. Als Person ist der Mensch selbst verantwortlich und seinem Gewissen verantwortlich. Ein bestimmter Mensch, der z. B. Karl Müller heißt, ist vielleicht ein Arbeitnehmer, ein Städter, ein Ehemann, ein Familienvater, ein Chormitglied usw., aber er ist nicht »ein Karl Müller«, sondern Karl Müller. Und dieser Karl Müller lebt um so besser, je mehr er lernt, frei und solidarisch zu sein. Es gibt das Kollektiv, aber es gibt kein jüngstes Gericht für das Kollektiv, sondern nur für den einzelnen Menschen. Die Person ist das wirklich existierende, das handelnde Subjekt. An ihm und nicht an irgendwelchen abstrakten Systemen muß sich die Politik, muß sich die Gesellschaftsordnung ausrichten.

Jede Person ist auf Beistand und Hilfe anderer angewiesen. Jeder Mensch kann erkranken, scheitern, irren, fehlgehen. Aber jeder Mensch hat auch das Recht dazu zu irren und zu fehlen. Der Staat soll dem Menschen helfen, sich zu entfalten, er soll ihn aber nicht unterdrücken, und er soll ihm auch nicht alle Lebensrisiken abnehmen wollen. Nichtleistung zu belohnen, wo Leistung möglich wäre, nimmt dem Menschen ein Lebensmotiv.

Das Subsidiaritätsprinzip

Wie können wir es erreichen, daß die Menschen sich füreinander verantwortlich fühlen, wie kann man erreichen, daß ein Gesunder sich um einen Kranken kümmert, daß der Reiche mit dem Armen teilt? Es ist ungewöhnlich schwer, Solidarität zwischen Ungleichen zu ermöglichen, wenn sich die Menschen nicht kennen, wenn sie von den Problemen des anderen nichts wissen. Je größer und anonymer die Zusammenhänge, je unüberschaubarer die Lebensbereiche sind, um so weniger kann freiwillige Solidarität erwartet werden, um so mehr muß Solidarität erzwungen werden durch Pflichtbeiträge, durch Steuern, durch Ge- und Verbote. Das ist der tiefere Grund dafür, warum in der christlichen Soziallehre das Subsidiaritätsprinzip entwickelt wurde. Es ist das Kernstück der christlichen Soziallehre. Es bedeutet, den Vorrang der kleineren Einheit vor der großen, den Vorrang der Selbsthilfe vor der Fremdbestimmung, aber auch die Pflicht zur Hilfe, wo die Selbsthilfekräfte der kleineren Einheit nicht tragen. Das Subsidiaritätsprinzip gibt eine Richtschnur für die Reihenfolge der Zuständigkeiten, dafür wer oder welche Gemeinschaft im Verhältnis von Glied und Ganzem die Verantwortung hat und etwas tun muß. Das Subsidiaritätsprinzip bedeutet nicht staatliche Enthaltsamkeit, sondern die Pflicht des Staates, dem einzelnen, der kleinen Einheit Hilfe zur Selbsthilfe zu geben.

Das Subsidiaritätsprinzip, nämlich die Gliederung des Ganzen in überschaubare Teilbereiche könnte gerade für die Zukunft ein entscheidender Ansatz sein, Fehlentwicklungen entgegenzuwirken. Notwendig ist aber auch die Bereitschaft, Besitzstände in Frage zu stellen.

Ist Umbau möglich?

Umbau des Sozialstaats

Das Zusammenleben der Menschen, ihre Arbeit, die Technik, das Verhältnis von Ökonomie und Ökologie müssen konsequent an den Bedürfnissen der Menschen ausgerichtet werden. Das ist mein Thema und damit werde ich mich beschäftigen. Vorher aber muß mit einem weitverbreiteten Vorurteil aufgeräumt werden. Es lautet: Wir können das Wagnis einer neuen Sozialpolitik nicht eingehen, denn die alte ist bereits zu teuer. Natürlich wäre es verantwortungslos, sich ohne Rücksicht auf die Finanzierbarkeit neuen sozialen Aufgaben zu stellen. Aber es wäre auch grundfalsch, daraus die Konsequenz zu ziehen, keine neuen Wege zu gehen. Die richtige Schlußfolgerung lautet vielmehr: Wir müssen alles nicht mehr so Notwendige aufgeben, um Platz für Neues zu schaffen. Manchmal braucht man auch nur einer Verschwendung von Mitteln Einhalt zu gebieten, um mit den gleichen Mitteln mehr zu erreichen. Ist eine zukunftsgerechte Sozialpolitik finanzierbar? Dies werde ich in drei Feldern – Familie, Pflege, Arbeit – näher untersuchen und auch die Bedingungen nennen, wie ein Umbau verwirklicht werden kann.

Viel Geld für Soziales

Die Bundesrepublik Deutschland ist heute ein Sozialstaat, der in der Welt seinesgleichen sucht.

Die Politik schlägt sich auch in Zahlen nieder: Wir geben heute über 650 Milliarden DM für Sozialleistungen aus. 1960 betrug das Sozialbudget 69 Milliarden DM. 1950 wurde nur jede sechste in der Bundesrepublik Deutschland verdiente Mark für Soziales abgezweigt, heute jede dritte.

Diese 650 Milliarden DM werden für sehr Unterschiedliches ausgegeben: für Leistungsansprüche, die aufgrund von eigenen Beitragsleistungen erworben worden sind, wie z. B. Renten; oder Leistungen, für die keine Vorleistungen erbracht wurden, die sich also nach dem Fürsorgeprinzip richten, z. B. Sozialhilfe und Wohngeld. Enthalten sind Transfers, aber auch Steuererleichterungen, Sparförderung, die Unterstützung von Ehe und Familie, Gesundheitsausgaben, Kosten der Arbeitslosigkeit und beruflichen Bildung und vieles mehr. Das Gemeinsame dieser Ausgaben ist, daß sie nicht der primären Einkommensverteilung zuzurechnen sind, sondern aufgrund von Gesetz, tarifvertraglichen oder sonstigen Vereinbarungen dadurch finanziert werden, daß ein Teil des Lohnes oder Gewinns für diese Maßnahmen abgezweigt wird.

Am Sozialbudget zeigt sich sehr deutlich die gewachsene Vielgestaltigkeit unseres Sozialsystems: Zusammen mit dem Schutz- und Vorsorgerahmen, z. B. im Bereich der wirtschaftlichen Machtkontrolle, ist es integrativer Bestandteil des deutschen Gesellschaftsmodells – der sozialen Marktwirtschaft.

Wenn wir die Ausgaben für Soziales einmal mit den Unternehmensgewinnen vergleichen, dann zeigt sich, in welcher Größenordnung sie angesetzt sind: Die ausgeschütteten Gewinne der Kapitalgesellschaften – das ist der Teil der Gewinne der Kapitalgesellschaften, der nicht für neue Investitionen verwendet wird – lagen 1986 bei 45 Milliarden DM.

Nicht immer mehr vom Gleichen

Gute Sozialpolitik muß über ausreichende finanzielle Mittel verfügen können. Aber nicht die Höhe der Beträge selbst ist entscheidend, sondern was damit geschieht, d. h. welche Inhalte damit verfolgt werden. Es geht nicht so sehr um die Quantität, es geht darum, die *Qualität* des Sozialstaates zu sichern.

Aber warum sollte eine schlichte Fortschreibung der Sozialausgaben nicht möglich und sinnvoll sein? Sie ist nicht notwendig. Denn gesellschaftliche Veränderungen schlagen sich auch quantitativ im Sozialbudget nieder. Und sie ist nicht sinnvoll. Denn eine schlichte Fortschreibung der Sozialausgaben würde auch manches fortschreiben, was sozialpolitisch eigentlich gar nicht erwünscht ist.

Denn es ist ein *Irrtum zu glauben, ein Wachstum der Ausgaben für Soziales bedeute bereits ein Wachstum des Sozialen* selbst. Man kann das an einem Beispiel ad absurdum führen: Die Kosten der Arbeitslosigkeit betragen heute ca. 60 Milliarden DM. Eine Fortschreibung wäre sicher kein sozialer Gewinn, sondern ein trauriger Mißerfolg der Politik. Je weniger wir für Arbeitslosigkeit ausgeben müssen, desto besser.

Bei den Sozialausgaben selbst werden durch gesellschaftlichen Wandel Veränderungen auftreten. Sobald in einem Bereich die Zahl der Betroffenen abnimmt, werden Finanzmittel in Milliardenhöhe frei: Die Ausgaben für Kriegsopferversorgung z. B. gehen bis zum Jahr 2000 um schätzungsweise 4,5 Milliarden DM zurück (von heute 10,7 Milliarden auf 6,2 Milliarden DM).

Diese Beispiele zeigen: Eine einfache quantitative Fortschreibung der Sozialausgaben ist nicht möglich. Umbau, also Umlenkung von Mitteln aus bestimmten Bereichen in andere ist notwendig.

Mehr für Kinderreiche, weniger für Kinderlose

Die *Anzahl der Geburten* ist in den letzten Jahren stark zurückgegangen. Das hat eine massive Veränderung in unserem Bevölkerungsaufbau bewirkt. Hier wird eine existentielle Frage unserer Gesellschaft berührt. Das macht auch die Diskussion um die Folgen für die Rentenversicherung und für das Pflegeproblem dramatisch deutlich.

Wir müssen uns heute fragen, »haben wir in unserer *Gesellschaft wirklich solche Bedingungen geschaffen, die den Wunsch fördern, Kinder zu bekommen, sie aufzuziehen und mit ihnen zu leben* oder wird uns das in unserer Gesellschaft schwergemacht?« Positiv gefragt: Wie müßte eine Gesellschaft beschaffen sein, in der das Kinderhaben und -aufziehen leichter wäre?

Es kann uns doch nicht unberührt lassen, daß die Bundesrepublik Deutschland eines der reichsten Länder der Erde ist, zugleich aber das Land mit der mit Abstand niedrigsten Geburtenrate. Die Erklärung, dies liege an der gestiegenen Erwerbstätigkeit der Frauen, greift zu kurz. Die Erwerbsbeteiligung der Frauen liegt in der Bundesrepublik Deutschland vergleichsweise niedrig, niedriger als dies in Ländern mit höherer Geburtenrate der Fall ist, wie z. B. den USA und Frankreich.

Die sinkende Bereitschaft, Kinder zu bekommen und sie aufzuziehen, kann ein *Hinweis auf elementare Defizite in unserer Gesellschaft* sein. Wir setzen uns für das Konzept der Wahlfreiheit ein. Das aber heißt, daß für Frauen und Männer *auch* die Möglichkeit bestehen muß, Kinderhaben und Erwerbstätigkeit miteinander zu verbinden. Hierfür sind immaterielle aber auch materielle Bedingungen notwendig.

Es gibt erschreckende Hinweise darauf, daß der Bereich »Kinder« in unserem Sozialsystem benachteiligt ist. Wie sonst wohl wäre es zu erklären, daß zwar regelmäßig die Löhne ansteigen und die Renten dynamisiert sind, jedoch das *Kindergeld von der Dynamisierung ausgeschlossen ist* und über Jahre, ja sogar Jahrzehnte konstant bleibt, d. h. real sinkt. Die sich daraus ergebende Asymmetrie zwischen sich entwickelnden Löhnen und Renten und zurückbleibenden Kinderförderungsbeträgen ist somit im System programmiert.

Eine Erhöhung des Mehrkindergeldes ist dringend geboten. Je nach Erhöhungsvolumen würde dies jährlich einen Betrag von einigen hundert Millionen ausmachen. In jeder Lohn- und Gewinnrunde wird ein Mehrfaches dieser Beträge umgesetzt.

Der *Grundsatz der Wahlfreiheit* war leitend für die Einführung des *Bundeserziehungsgeldes* im Jahr 1986. Damit sollten materielle Voraussetzungen geschaffen werden, die den Eltern ermöglichen würden, im ersten Lebensabschnitt des Kindes die Berufstätigkeit zugunsten der Betreuung zu unterbrechen. Dies war eine grundlegende und richtige familienpolitische Entscheidung.

Doch diese familienpolitische Entscheidung bleibt hinter ihrem Anspruch zurück. Denn auch nach Vollendung des ersten Lebensjahres eines Babys hat das Thema nichts von seiner Brisanz eingebüßt. Um wirklich Wahlfreiheit möglich zu machen, müßten die materiellen Grundlagen bis zur Vollendung des dritten Lebensjahres sichergestellt werden, das heißt also bis das Kind in den Kindergarten kommen kann. Das ist natürlich nicht umsonst zu haben. Ein weiteres Jahr Erziehungsgeld und Erziehungsurlaub würde 1,8 bis 2 Milliarden DM kosten.

Um Kinder dem heutigen Standard entsprechend großzuziehen, bedarf es auch *unterstützender Einrichtungen und Maßnahmen*, wie z. B. die Betreuung in Kindergärten. Diese Einrichtungen sind gerade auch unter pädagogischen Aspekten besonders wichtig, da heute in den meisten Familien nur ein oder zwei Kinder aufwachsen. Das notwendige soziale Lernen im Umgang und im Kontakt mit Gleichaltrigen ist daher in der Familie kaum noch möglich. Die Kindergarten-Betreuung sichert den Eltern außerdem die Möglichkeit, nach der Kleinkindphase wieder eine Berufstätigkeit aufzunehmen. Es ist doch einfach nicht zu akzeptieren, daß in bestimmten Gegenden die Eltern ihr Kind schon kurz nach der Geburt auf eine Warteliste für einen Kindergartenplatz setzen lassen müssen, um nicht jahrelang vergeblich auf einen Platz warten zu müssen.

Ganztagsschulen – in anderen westlichen Ländern die Regelschulform – sind in der Bundesrepublik Mangelware. Die nachteiligen Konsequenzen für Eltern, die einer Berufstätigkeit nachgehen müssen bzw. wollen, sind für diese tagtäglich spürbar. Für die 6262800 Kinder von 6–16 Jahren stehen nur 244300 Plätze in Ganztagsschulen zur Verfügung, d. h. nicht einmal für 4% des Altersjahrgangs gibt es dieses Angebot.

An unterstützenden Einrichtungen *gerade für Alleinerziehende* herrscht elementarer Mangel (in Ballungsgebieten wie z. B. *Berlin* wächst fast ⅕ der Kinder in Ein-Eltern-Familien auf, im gesamten Bundesgebiet ist es ⅛).

Niemand hat bis jetzt eingewandt, diese Forderungen seien unberechtigt. Es heißt eigentlich nur notorisch – vielleicht mit Abstrichen bei den Ganztagsschulen –, diese Forderungen seien nicht zu finanzieren. Folglich unterblieb bisher der notwendige Ausbau an Kindergartenplätzen, wurde der notwendige Ausbau des Erziehungsgeldes noch nicht in Gesetzesform gegossen und das Kindergeld zum Teil über Jahre hinweg nicht an die gestiegenen Preise angepaßt.

Wer sich mit dieser Situation nicht abfinden will, darf einen Umbau nicht grundsätzlich ausschließen. Anhaltspunkte dafür geben folgende Überlegungen: Nach dem Sozialbudget der Bundesregierung wird unterschieden zwischen *Förderung der Ehe* und *Förderung der Kinder. Diese Unterscheidung ist wichtig.* Früher waren Ehe und Kinderaufziehen nahezu gleichbedeutend. Das ist jetzt nicht mehr der Fall. Fast die Hälfte der Ehepaare lebt heute ohne Kinder. Laut Sozialbudget der Bundesregierung[1] wurden z. B. im Jahr 1985 knapp 32 Milliarden DM für Kinder und etwas mehr als 32 Milliarden DM für die Förderung der Ehe aufgewendet. In Wirklichkeit sind die Unterschiede viel gravierender. In den Zahlen für die Förderung der Ehe sind nämlich u. a. nicht die Witwen- und Witwerrenten berücksichtigt, obwohl sie zweifellos in diese Kategorie Förderung gehören. Allein 60 Milliarden DM werden für die Hinterbliebenenversorgung der Ehepartner aufgewendet.

Der Sonderforschungsbereich 3 der Frankfurter Universität[2] hat einige genauere Zuordnungen vorgenommen und diese Effekte ebenfalls mitberücksichtigt und kommt dabei zu dem Ergebnis, daß *im Jahr 1985 mehr als 90 Milliarden DM für die Förderung der Ehe, aber nur rund 28 Milliarden DM für die Förderung der Kinder in der Bundesrepublik Deutschland bereitgestellt wurden.*

In unserer Gesellschaft werden also wirklich beachtliche Summen für die Förderung von Ehe und Familie insgesamt ausgegeben. Kann man in Anbetracht der Riesensummen wirklich akzeptieren, daß angeblich kein Geld für die notwendige Anpassung des Kindergeldes, des Erziehungsgeldes und des Ausbaus von Kindergärten vorhanden ist?

Es gibt Berechnungen, wonach alleine eine Begrenzung des Steuersplittingeffektes für Höherverdienende Beträge in einer Größenordnung von 3 Milliarden DM und mehr erbringen würde. Wenig beachtet worden ist aber bisher auch, daß mit der Reform des Hinterbliebenenrechts wichtige Perspektiven künftiger gestaltender Gesellschaftspolitik eröffnet worden sind. Der Kerngedanke dieser Reform ist, daß nicht generell, sondern nur dann Unterhaltsansprüche abgedeckt werden, wenn die Einkommen oder die Tatsache der Kindererziehung

[1] Der Bundesminister für Arbeit und Soziales, *Sozialbericht 1986*, Bonn 1986
[2] H. P. Galler, *»Familiale Lebenslagen und Familienlastenausgleich«* in: Schriftenreihe des Vereins für Sozialpolitik, Bd. 175, Berlin 1988

dies notwendig machen. Ein Teil der Kosten der Kindererziehungsjahre im Rentenrecht wird so durch automatische Einsparungen beim Hinterbliebenenrecht aufgefangen. Das ist automatischer Umbau im Rentenrecht.

Mehr für ambulante, weniger für stationäre Pflege

Das Problem der Pflegebedürftigkeit gehört zu den großen Zukunftsthemen der Sozialpolitik. Es ist heute im wesentlichen ungelöst. Wir brauchen gute Heime für die Versorgung pflegebedürftiger Menschen. Es wäre aber eine gravierende Fehlsteuerung, wollte man versuchen, das Pflegeproblem ausschließlich stationär zu lösen.

Wir wissen aus vielen Befragungen, daß die meisten Menschen solange es eben geht lieber zu Hause versorgt, betreut und gepflegt werden als in Krankenhäusern oder Heimen. Eine beachtliche medizinische, gerontologische und sozialpsychologische Literatur belegt überzeugend, daß die *Betreuung in stationären Einrichtungen – wo sie nicht notwendig ist – auch negative Folgen für den Krankheitsverlauf* und die *Persönlichkeit* haben kann. Wir müssen deshalb die Voraussetzungen schaffen, daß die Menschen auch zu Hause gepflegt werden können. Notwendig sind vermehrt auch teilstationäre Betreuungsformen und Übergangseinrichtungen; auch Krankenwohnungen und therapeutische Wohngemeinschaften könnten vielen kranken Menschen effektiver und besser helfen.

Tatsache ist jedoch, daß die stationäre Versorgung im Krankenhaus und die ambulante Versorgung in den eigenen vier Wänden im Rahmen unseres Sozialsystems *materiell sehr ungleich unterstützt werden*. Bei der Betreuung im Krankenhaus wird fast alles bezahlt: das Saubermachen, die Heizung, die Pflege, das Essen usw. – die Rente bzw. das Einkommen darf man ungeschmälert behalten. Bei der Betreuung zu Hause jedoch muß mit einigen Ausnahmen alles selbst bezahlt werden. Die Rente reicht dafür meist nicht aus. Die Pflegebedürftigen werden zu Sozialhilfeempfängern.

Die Konsequenz: Viele Menschen, die genausogut, ja besser zu Hause versorgt werden könnten, liegen heute in Krankenhäusern und Heimen, obwohl das medizinisch nicht notwendig wäre und die Menschen eigentlich auch etwas anderes wollen.

Das Ungleichgewicht in unserem System ist eklatant. Der Vergleich der Ausgaben für die ambulante Pflege und für den stationären Sektor der Gesundheitsversorgung führt uns das vor Augen.

Viel Geld für die Pflege könnte freigemacht werden, wenn mit der Fehlbelegung von Krankenhausbetten Schluß gemacht würde. Experten schätzen, daß jedes fünfte Akutbett fehlbelegt ist. Dies wären über 100 000 Betten in der Bundesrepublik. Bei einem durchschnittlichen Pflegesatz von heute rund 240,– DM pro Tag und einer durchschnittlichen Auslastung von 85,7 % bedeutet eine Fehlbelegung von 20 % (der insgesamt 674 742 Akutbetten) *unnötige Kosten von über 10 Milliarden DM*. Falls man diesen Patienten statt dessen ambulante Versorgung in Form von Krankenpflegeeinsatz und Haushaltshilfe gewährte, würden immer noch *über 7 Milliarden DM* frei. Mit diesen Mitteln könnte ein entscheidender Schritt in Richtung auf die ambulante und teilstationäre Absicherung des Pflegerisikos getan werden. Dieser Betrag würde ausreichen, um für ca. 300 000 Menschen mit mittlerer Pflegebedürftigkeit täglich eine Stunde häusliche Krankenpflege und eine Stunde Haushaltshilfe zu finanzieren.

Ob wir das Pflegeproblem im Kern ambulant oder im Kern stationär lösen, ist für die Zukunft von zentraler Bedeutung. Heute werden die meisten Pflegebedürftigen im Rahmen der Familie versorgt. In Zukunft wird dies angesichts der demographischen und sozialen Veränderungen nicht mehr möglich sein.

Der Rückgang der Geburtenrate und die Zunahme der Zahl der Ein-Personen-Haushalte sprechen eine unüberhörbare Sprache. Wird nichts für eine bessere ambulante und teilstationäre Betreuung getan, so wird eine immense Ausweitung der stationären Versorgung mit einer Kostenlawine unweigerlich auf uns zukommen. Vom menschlichen, aber auch vom finanziellen Gesichtspunkt her wäre dies eine falsche Weichenstellung. Gemessen an ihrer ökonomischen Effizienz ist es unsinnig, große Mengen von Geldern im stationären Bereich zu binden, die im ambulanten Sektor viel besser, d. h. ökonomisch *und* humaner nutzbar gemacht werden könnten.

Die gleichen Überlegungen gelten auch für die wachsende Zahl von körperlich und geistig Behinderten sowie psychisch Kranken. Wir sind in der Bundesrepublik Deutschland fast 15 Jahre nach der großen Psychiatrie-Enquête, die wesentlich von unserem Kollegen Walter Picard beeinflußt wurde, immer noch sehr weit davon entfernt, den Grundsatz »ambulant vor stationär« wirklich ernst zu nehmen.

Mehr für Arbeit, weniger fürs Nichtstun

Die Arbeitslosigkeit kostet uns pro Jahr rund 60 Milliarden DM. Durch sinnvolleres und ökonomischeres Verhalten könnten wir diese Mittel zur Finanzierung der Arbeit selbst verwenden. Warum aber klappt das bisher nicht?

Ein wichtiger Grund sind die *getrennten Kassen*. Die Kosten der Arbeitslosigkeit teilen sich mehrere Geldgeber: der Bund hauptsächlich über die Arbeitslosenhilfe, die Beitragszahler beteiligen sich über ihre Beiträge, die Kommunen und Gemeinden sind über Sozialhilfeaufwendungen dabei. Getrennte Kassen verhindern, daß etwas geschieht. Ein wichtiger Grund ist: Wer die Initiative zum Abbau der Arbeitslosigkeit ergreift, der muß alles bezahlen, er selbst spart aber nur einen Teil der Kosten.

Aus der Perspektive der einzelnen Institution heraus ist es unökonomisch, etwas zu tun. Im Gesamtinteresse jedoch wäre es ökonomisch sinnvoll, eine konzertierte Aktion von Bund, Ländern und Gemeinden zu starten, um so die Arbeitslosigkeit abzubauen.

Es gibt Berechnungen aus dem Institut für Arbeitsmarkt- und Berufsforschung, in denen die *Kosten der Arbeitslosigkeit und die Kosten von mehr Beschäftigung verglichen werden*. Es wird ausgerechnet, was die Gesellschaft heute die Arbeitslosigkeit kostet. Im einzelnen sind das: die Mehrausgaben durch die Zahlung von Arbeitslosengeld und -hilfe, von Renten- und Krankenversicherungsbeiträgen für Arbeitslose, von Sozialhilfe und Wohngeld sowie die Mindereinnahmen bei Renten- und Krankenversicherung, bei der Bundesanstalt für Arbeit, bei der Einkommensteuer und bei den indirekten Steuern.

Im Durchschnitt liegen die Kosten für einen Arbeitslosen bei rund 25 000 DM im Jahr. Wenn man dies mit den Kosten einer ABM-Beschäftigung vergleicht (im Durchschnitt betragen die entsprechenden Ausgaben 39 000,– DM), so zeigt sich, daß – auch wenn nur die unmittelbaren Entlastungswirkungen einbezogen werden – die AB-Maßnahmen sich zu rund zwei Dritteln selbst finanzieren. Dabei sind die psychosozialen Folgekosten von Arbeitslosigkeit und der Nutzen der geleisteten Arbeit nicht in die Berechnung einbezogen.

Natürlich gibt es keine Patentrezepte, um die Arbeitslosigkeit auf einen Schlag zu beseitigen. Dennoch: Es besteht, wenn man gesamtfiskalisch und nicht nur von den Einzelinteressen partialbürokratisch her kalkuliert, *die Möglichkeit, vielen Menschen Arbeit zu geben*. Außerdem könnten so manche wichtige Arbeiten in der Gesellschaft endlich angepackt werden. Gerade im Bereich der *Human-Dienste* und auch im *Umweltsektor* gibt es viel zu tun und einen erheblichen Mangel an Arbeitskräften.

Konsequenzen

Familie, Pflege, Arbeit zeigen, daß eine gestaltende Sozialpolitik möglich ist. Ich habe mich weniger mit der Mißbrauchsdiskussion beschäftigt (in Berlin wurden deshalb entsprechend dem Gesetzesauftrag Sozialhilfeempfänger konsequent zu gemeinnützigen Arbeiten herangezogen). Ich habe mich auch weniger mit der Diskussion über die individuelle oder kollektive Absicherung bestimmter Risiken befaßt (selbstverständlich müssen nicht die vom einzelnen tragbaren, sondern die vom einzelnen nicht tragbaren Risiken abgesichert werden). Diese Überlegungen sind wichtig und Gegenstand ständiger Weiterentwicklung der Sozialpolitik.

Wichtiger aber ist:

1. An die Stelle des Abschiebens und Abschreibens gesellschaftlicher Probleme hin in Spezialinstitutionen und große gesellschaftliche Einrichtungen muß verstärkt das Bemühen treten, diese Probleme nah am einzelnen Menschen und der kleinen Gruppe zu lösen, dort, wo sie entstanden sind.
2. *Eine Verschwendung von Geldern widerspricht dem sozialen Gedanken.* Es muß über Perioden hinweg langfristig gedacht und geplant werden. Gerade die Bereiche der ambulanten Betreuung und der Prävention zeigen, daß eine kurzfristige Politik des Nichtausgebens von Geld kurzsichtig sein und langfristig gesehen sehr teuer werden kann, wenn solche notwendigen Zukunftsinvestitionen versäumt werden.
3. Umbaumaßnahmen im Sozialbereich bedürfen der *Akzeptanz der Bevölkerung*. Die Zustimmung gründet sich wesent-

lich darauf, daß die Menschen die Zusammenhänge auch verstehen können. Den Menschen muß einleuchten, wofür etwas gespart werden soll. Die Akzeptanz von Umbaumaßnahmen hängt also entscheidend davon ab, ob es gelingt, die *inhaltliche Koppelung von Abbau- und Ausbaumaßnahmen* deutlich zu machen. Die Menschen werden ihre Zustimmung nur geben, wenn sie wissen, daß es *gerecht* zugeht, und wenn sie wissen, daß die Forderung nach Umbau für alle Bereiche gilt.

4. *Alle Bereiche staatlicher Aktivitäten* stehen vor der Notwendigkeit eines ständigen Umbaus entsprechend den sich wandelnden Verhältnissen. Das betrifft eben *nicht nur den Bereich der Sozialpolitik*. Wichtig ist es daher für die Sozialpolitik, darauf zu achten, daß Umbau nicht alleine ihr zur Pflichtaufgabe gemacht wird. Auch andere Besitzstände und die Subventionen schulden immer wieder eine Begründung. Die Sozialpolitik darf jedoch nicht zögern, in ihrem Bereich als richtig anerkannte Umbaunotwendigkeiten auch energisch anzupacken.

Kultur des Helfens – Zur Zukunft sozialer Netze und Dienste

Die kleinen Netze stärken

Heute sind das große Netze der sozialen Sicherheit und die kleinen sozialen Netze des Alltagslebens viel zuwenig darauf ausgelegt, einander zu ergänzen. Das große Netz entstand ja nicht zuletzt deshalb, weil es kleine Netze ersetzen mußte. Man baute fast ausschließlich am großen Netz, so als hätte man die kleinen insgeheim aufgegeben. Damit erhielt der Aufbau des Sozialstaats einen strukturellen Konstruktionsfehler. Denn die großen kollektiven Netze der sozialen Sicherheit können überhaupt nur tragen, wenn sie sich mit den kleinen Netzen ergänzen und mit diesen zusammen ein doppelt geknüpftes Netzwerk bilden. Nicht umsonst heißen die kleinen Netze der Familie, Freundschaft und Nachbarschaft in der Fachsprache »primäre« soziale Beziehungen, die Fernbeziehungen über Markt und Staat dagegen »sekundär«.

Die großen Systeme im Fernbereich funktionieren nur, solange sie im lebendigen Nahbereich verankert sind. Die großen Systeme haben keinen anderen Zweck, als den Nahbereich der beruflichen Arbeitswelt und der Familie mit Leben zu erfüllen. Es gehört deshalb zur Strategie einer vorausblickenden Umbau-Politik und besonders zur Politik einer Bestandssicherung der *großen* sozialen Netze, den menschlichen Zusammenhang im kleinen Alltagsnetz zu stärken und einer hierauf gerichteten Politik besondere Aufmerksamkeit und eine zunehmende Bedeutung beizumessen. Wir brauchen eine Wiederaneignung des Sozialen. Neben den sozialen Einkommensleistungen gewinnen damit die sozialen Dienstleistungen und die öffentlichen Infrastrukturleistungen ein stärkeres Gewicht.

Das primäre Netz: Familie und privater Haushalt

Der Anteil der vollständigen Familien an den privaten Haushalten – also der Vater-Mutter-Kind-Gemeinschaften – ist in den vergangenen Jahrzehnten ständig zurückgegangen. In der Bundesrepublik lebt heute nur noch in 33 Prozent aller Haushalte ein Ehepaar mit einem oder mehreren Kindern. Das sind nur noch wenig mehr als die 31 Prozent Ein-Personen-Haushalte, die inzwischen existieren. Diese Ein-Personen-Haushalte stellen historisch gesehen in ihrer Art und Häufung einen völlig neuen Haushaltstypus dar. In den 20er Jahren gab es immerhin noch 25 Prozent Haushalte, in denen nichtverwandte Personen unter einem Dach wohnten, etwa Hausmädchen, Gesellen u. a. im Anschluß an Familien. Diese Personen waren alleinstehend, aber nicht alleinlebend. Heute gibt es das nur noch in Form der jugendlichen Wohngemeinschaften, die jedoch, aufgrund der rasch wechselnden Lebensumstände, äußerst instabil sind. Nur noch in zwei Prozent der Haushalte leben Alte mit der mittleren und jüngeren Generation zusammen. Der Anteil der Ehepaare ohne Kinder an den Haushalten beträgt 22 Prozent. Die nichtehelichen Lebensgemeinschaften schließlich haben von ca. 5 Prozent in den 70er Jahren auf heute 10–15 Prozent zugenommen. »Der klassische Familienhaushalt«, so faßt es der Bevölkerungssoziologe H.-J. Hoffmann-Nowotny zusammen, »hat definitiv einen Minderheitsstatus erlangt.«[1]

[1] Hans-Joachim Hoffmann-Nowotny. *»Ehe und Familie in der modernen Gesellschaft«, Aus Politik und Zeitgeschichte,* B 13/88, 25. März 1988, S. 3.

Aber wenn auch die klassischen Gemeinschaftsformen Einbußen erlitten haben, so haben die heutigen Haushalte doch ein beträchtliches Maß an Leistungsfähigkeit bewahrt, wenngleich in teilweise anderen Formen. Man muß diese kennen, um politisch die richtigen Maßnahmen zu ergreifen. Auch wenn die Generationen nicht mehr unter einem Dach wohnen, so unterstützen und helfen sie einander doch weiterhin. Zum Beispiel sind die Alten häufig unentbehrlich, um Kinder zu betreuen, und sie gewähren den jüngeren Familien oft beträchtliche finanzielle Unterstützung, sei es laufend oder für größere Anschaffungen. Umgekehrt waren so gut wie alle sozialpolitischen Fachleute überrascht, als sich herausstellte, in welchem Maße Alte und überhaupt Pflegebedürftige heute zu Hause von Angehörigen betreut werden, nämlich zu 80 Prozent. Das ging aus der berühmten Socialdata-Studie hervor. Die pflegebedürftigen Alten leben vielleicht nicht im Haushalt ihrer Kinder, aber ihre Kinder, meist die Töchter und Schwiegertöchter, kommen zu ihnen und kümmern sich um sie, häufig unterstützt von Hausärzten, Sozialstationen und Haushaltshilfen. Das ist natürlich anders als würde man zusammen wohnen. Es hat Vor- und Nachteile für beide Seiten. Wenn wir davon ausgehen, daß auch früher schon etwa zehn Prozent der Pflegebedürftigen öffentlich versorgt wurden, so folgt daraus, daß sich in diesem Fall der neue, der weitergehende sozialpolitische Interventionsbedarf auf zusätzliche zehn Prozent der Pflegebedürftigen bezieht – *und* darauf, die vorhandenen menschlichen Bindungen zu stärken, so daß diese kleinen Netze auch weiterhin halten und damit auch den öffentlichen Bedarf wenn schon nicht rückgängig machen, so doch in finanziell und menschlich annehmbaren Grenzen halten.

Man muß sich in diesem Zusammenhang auch vor Augen führen, daß der Niedergang der alten Gemeinschaftsformen mit dem Aufbau der heutigen Wohlstandsgesellschaft verbunden war. Was immer die Familien eingebüßt haben, die überwiegende Mehrzahl der Haushalte hat eine nie dagewesene finanzielle Leistungsfähigkeit gewonnen, und dies über weite Strecken, *aufgrund* des Sozialstaats. Unter uns leben immer noch eine gewisse Zahl von Menschen, besonders alte Menschen, und insbesondere alte Frauen, die arm sind. Aber für die meisten Alten gilt heute nicht mehr, daß alt sein arm sein bedeutet. Ganz im Gegenteil. Eine »verkannte Revolution«, wie Meinhard Miegel sie nannte, hat stattgefunden: die Revolution der steigenden Einkommen und Erwartungen, der dynamischen Rente, die Anhäufung eines gewissen ansehnlichen Wohlstands für fast alle, auch für fast alle Arbeitnehmer. Die meisten Haushalte können sich heute umstandslos eine Vielzahl von Dingen leisten, die ihren Vorfahren noch unglaublich erschienen wären, vom eigenen Automobil und der ausgedehnten Urlaubsreise bis zur praktisch sofortigen Krankenhausbehandlung nach eigener Wahl.

Wir müssen feststellen, daß praktisch alle heutigen Haushalte ihre Bedürfnisse abdecken durch eine interessante Mischung aus Selbstversorgung durch Eigenleistung und Kaufen von Fremdleistungen. Das gab es früher in dieser Form und Vielfalt nicht. Man kann die Wäsche in der eigenen Waschmaschine waschen oder sie in die Reinigung geben; man kann das Auto selbst reparieren oder es in die Werkstatt bringen; man kann die Wände selbst tapezieren oder einen Maler holen; man kann selbst kochen oder ausgehen usw. usf. Man kann sich das nicht immer und nicht alles gleichzeitig leisten, aber vieles davon, und dies auch relativ häufig.

Diese Wahlmöglichkeiten beziehen sich nun nicht mehr nur auf Wäsche und Pizza, sondern in zunehmendem Maße auch auf praktische Hilfestellungen in persönlichen Dingen und auf soziale Dienste im engeren Sinne: Man kann sie selbst erbringen oder Kräfte dafür bezahlen. Man kann, einzeln oder in einer Gruppe, Kinder selbst betreuen oder sie außerdem auch im Kindergarten unterbringen; man kann sich bei Bagatellerkrankungen selbst »verarzten« oder einen Arzt aufsuchen; man kann sich in schwierigen Lebenslagen mit Vertrauten beraten oder sich professionellen Rat holen; man kann Angehörige selbst pflegen oder sich dabei von den Pflegekräften einer Sozialstation unterstützen lassen. In der Regel tut man beides, in einer bestimmten Mischung, die von den besonderen Bedürfnissen und Möglichkeiten des Einzelfalls abhängt. Allerdings sind güterbezogene Käufe in der Substanz etwas ganz anderes als personale Dienste. Die Entscheidung, pflegebedürftige Angehörige selbst zu versorgen oder für sie einen Heimplatz zu suchen, ist nicht bloß von ökonomischen Gesichtspunkten abhängig zu machen, ja, in Wirklichkeit dürften diese neben anderen persönlichen Gesichtspunkten eine nachgeordnete Rolle spielen.

Hinzu kommt, daß solche Entscheidungen gerade in sozialen Fragen nicht bloß individuell getroffen werden. Das soziale Netz und der Sozialstaat treten hier vermittelnd dazwischen. Vor dem Hintergrund der Tatsache, daß die praktische Leistungsfähigkeit der Einzelhaushalte in mancher Hinsicht abgenommen hat, ebenso wie ihre finanzielle Leistungsfähigkeit und ihr Hilfsbedarf zugenommen haben, müssen wir uns heute die Frage stellen, was weiterhin als »großes Lebensrisiko« und was als persönliche Angelegenheit behandelt werden soll, anders gesagt, welche der sozialstaatlichen Leistungen wir als notwendig erachten und deshalb per Steuern und Abgaben finanzieren bzw. öffentlich bereitstellen und welche wir in stärkerem Maß als heute der persönlichen Wahl und Verantwortung anheimstellen sollten. Dies ist eine im Prinzip unabweisbare Konsequenz aus den veränderten Bedingungen. Nicht *ob*, sondern *wie* und *wie weit* diese subsidiäre und personale Konsequenz gezogen werden soll, ist der weiterhin noch klärungsbedürftige Punkt.

Es gibt heute – auch wenn uns das nicht gefällt – weniger Familie, und daher auch weniger jener sozialer Leistungen, welche die Familie, und besonders die Frauen in der Familie, bisher wie selbstverständlich erbracht haben – insbesondere Kinder großziehen, Alte und überhaupt Angehörige versorgen, psychosozialen Rückhalt geben. Für den stabilen Fortbestand der sozialen Sicherungssysteme ebenso wie für ein erfülltes Leben ist es jedoch sehr wichtig, möglichst viele dieser Leistungen im sozialen Nahbereich zu belassen. Hier kann man sich zunutze machen, daß es zwar weniger Familie gibt, aber auch mehr berufliche und private Freundschaften, gute Nachbarschaft, Gruppen, Vereine und sonstige Zusammenschlüsse verschiedenster Art. Das ist einer der Kernbefunde der neueren sozialen Netzwerkforschung. Die nicht-familiären sozialen Netze ersetzen die tiefen und weitgehenden Bindungen der Familie nicht. Aber sie leisten doch eine Vielzahl von praktischen Hilfestellungen und kleinen Diensten im Alltag. Eine an den Universitäten Frankfurt und Mannheim durchgeführte Untersuchung der »Haushaltsproduktion und Netzwerkhilfe« ergab, daß sich Dreiviertel aller Hilfebedürftigen ausschließlich auf Angehörige, Freunde und Nachbarn stützen. 11 Prozent beziehen privatwirtschaftliche Dienstleistungen, und nur 5 Prozent erhalten öffentliche Unterstützung durch einen Wohlfahrtsverband, eine Gemeindeschwester o. ä.[1] Die kleinen sozialen Netze erfüllen also durchaus noch eine tragende Funktion, an die man anknüpfen kann.

[1] Wolfgang Glatzer, Regina Berger-Schmitt (Hg), *Haushaltsproduktion und Netzwerkhilfe. Die alltäglichen Leistungen der Familien und Haushalte*, Frankfurt 1986, S. 90.

Das neue Verhältnis von Mann und Frau im Familien- und Arbeitsleben

Bei allen notwendigen und begrüßenswerten Bemühungen, die Vielfalt von Lebensformen und kleinen sozialen Netzen zu ihrem Recht kommen zu lassen, darf man doch nie die Familie als *das* primäre Netz aus den Augen verlieren. Auch wenn der gesellschaftliche Raum der Familie heute geschrumpft und ihre Lebensdauer verkürzt ist, so prägt und bindet sie doch fürs Leben. Für die Familie gibt es keinen vollwertigen Ersatz. Das zeigt sich übrigens auch im subjektiven Befinden. Eine ganze Reihe von Untersuchungen bestätigen, daß die subjektive Zufriedenheit von Menschen nicht nur von einer befriedigenden Erwerbsarbeit abhängt, sondern mehr noch vom Familienstatus. Nur 5 Prozent derer, die in vollständigen Familien leben, fühlen sich unglücklich, aber jeweils 18 Prozent der Alleinlebenden und der Alleinerziehenden. Einsam fühlen sich 42 Prozent der Alleinlebenden und 26 Prozent der Alleinerziehenden, aber nur 11 Prozent der Menschen in vollständigen Familien.[1]

In der modernen Gesellschaft ist das Leben der Menschen in zweifacher Weise verankert – in der Familie und in persönlichen Lebensgemeinschaften auf der einen Seite, im Beruf und am Arbeitsplatz auf der anderen Seite. Es ist nichts in Sicht, was daran etwas ändern würde.

Etwas aber ändert sich doch. Während der Zeit der Industrialisierung waren alle Kräfte der Gesellschaft, auch die der Familie, voll und ganz auf den Systemaufbau hin orientiert. Die wichtigste Aufgabe der Familie wurde darin gesehen, die Arbeitskraft, die in die Produktion einfließen sollte, zu »repro-

[1] Wolfgang Glatzer, Regina Berger-Schmitt (Hg), *Haushaltsproduktion und Netzwerkhilfe. Die alltäglichen Leistungen der Familien und Haushalte*, Frankfurt 1986, S. 90.

duzieren«. Mit dem allmählichen Ende des Systemaufbaus und dem Übergang zu seinem Umbau wird das anders. Der Wert- und Einstellungswandel, den die Menschen vollziehen, macht deutlich, daß Arbeit, Wirtschaftswachstum und Staatsgefüge kein Selbstzweck sind, sondern daß sie menschlichen und kulturellen Zwecken zu dienen haben. Vom Menschen her konzipiert, haben Beruf, Wachstum und Staatshaushalte nur einen Sinn, wenn sie zu einem erfüllten Leben beitragen. Dieser Perspektivenwechsel ist in gewissser Weise »revolutionär«. Denn er bedeutet in letzter Konsequenz, daß nicht mehr die Arbeitswelt der Dreh- und Angelpunkt des Familienlebens und der persönlichen Selbstentfaltung ist, sondern die Familie und die persönliche Selbstentfaltung der Maßstab für die Arbeitswelt. Unter dem Stichwort »Vereinbarkeit von Beruf und Familie« verbirgt sich nichts anderes, als eine neue Sicht der Sozial- und Beschäftigungspolitik, die nicht mehr einseitig das eine dem anderen unterordnet. Statt dessen geht es darum, politische und andere Maßnahmen vom Standpunkt der Person, der Familie, der primären Einheiten, der kleinen sozialen Netze her zu entwickeln und zwar so, daß zwischen den persönlichen Belangen und den betrieblichen und sonstigen öffentlichen Erfordernissen ein Ausgleich und ein Verhältnis auf Gegenseitigkeit hergestellt wird.

Der Perspektivenwechsel und der Wert- und Einstellungswandel hat ganz entscheidend mit der veränderten Stellung der Frau zu tun. Man kann auch sagen, die veränderte Stellung der Frau ist ein zentraler Teil des stattfindenden Perspektivenwechsels. Diese Feststellung erwächst nicht aus Opportunismus gegenüber einem flüchtigen Zeitgeist. Die »Frauenfrage« reicht viel weiter zurück, als gemeinhin bekannt ist, nämlich rund 200 Jahre, und sie hat weitreichende Folgen, die über private Fragen der Partnerschaft weit hinausgehen. Hier geht es um eine weitere Dimension der kollektiven Sozialpartnerschaft. Diese hat das gesamte öffentliche Leben schon erheblich umgekrempelt und ist im Begriff, dies weiterhin und in noch stärkerem Maße als bisher zu tun.

Die entscheidende Veränderung liegt nicht in der Frauen-Erwerbstätigkeit als solcher. Unter Bauern, Arbeitern, Angestellten und kleinen Gewerbetreibenden haben die Frauen im Erwerbsleben schon immer »ihren Mann gestanden« und die Doppelbelastung von Erwerbs- und Familientätigkeit getragen. Auch im 19. Jahrhundert stellten sie ein Viertel bis ein Drittel der Erwerbstätigen, im Vergleich zu 25 Prozent 1950 und 43 Prozent heute. Die entscheidende Veränderung liegt vielmehr darin, daß die Frauen heute ihre Gleichberechtigung und Gleichstellung im Erwerbsleben anstreben. In einem langfristigen sozialen Evolutionsprozeß, der als solcher nicht umkehrbar ist, sind die patriarchalische Arbeitsteilung und die patriarchalischen Rollen des Männlichen und Weiblichen aufgekündigt worden. Das ist der Grund, weshalb sich immer weniger Frauen mit ihrer traditionellen Arbeitsmarktrolle als Hilfskräfte, Saison- und Stoßzeitenpersonal, als flexible Reservearmee, als Neben- und Zuverdienerinnen abfinden. Sie haben schon das gleiche Wahlrecht, die gleichen sonstigen Staatsbürgerrechte und gleiche Bildungschancen verwirklicht. Nach diesen Errungenschaften ist nunmehr die Gleichstellung im Erwerbsleben der nächste Schritt im weiteren Verlauf dieses mehrhundertjährigen Emanzipationsprozesses. Das nicht wahrhaben zu wollen, könnte nur schädlich sein. Es ist besser, die neuen Chancen zu ergreifen, die aus der Krise des Patriarchats erwachsen.

Wenn wir die Frauenfrage allerdings als isolierte Frage der weiblichen Berufstätigkeit in der Tradition eines seelenlosen Maschinensozialismus angehen, werden wir diese Chancen verspielen. Es bringt überhaupt niemandem etwas, außer Leid und Frustrationen für alle Beteiligten, wenn wir ohne Rücksicht auf soziale Zusammenhänge dafür sorgen, zu den schon vorhandenen Männern nun auch noch immer mehr Frauen in den bestehenden Erwerbsapparat hineinzupferchen. Es geht darum, sich vor mechanischen Einheitsschablonen und vor Einbahnstraßen im Denken zu hüten und statt dessen das ganze Spektrum partnerschaftlicher Wahlmöglichkeiten offenzuhalten. Niemand wird es heute einer Frau verdenken, wenn sie eine vollwertige professionelle Karriere verfolgt, die ihre gesamte Zeit, auch ihre gesamte Lebenszeit, beansprucht. Aber man kann das andererseits auch nicht zur allein seligmachenden Norm erheben ohne damit – und zwar zuerst für die Betroffenen selbst – erheblichen Schaden anzurichten. Frauen, ebenso wie Männer, sollen erwerbstätig sein können, wenn sie das wollen oder wenn die näheren Umstände es nahelegen. Aber es hat keinen Sinn, wenn Frauen sich als neue Norm vorschreiben, erwerbstätig sein zu müssen. Die Frau muß frei entscheiden können, wieweit sie berufstätig sein will, und wann sie ihre Selbstverwirklichung in der Familie sucht. Allerdings wird die Frau das nur in Abstimmung mit den Gegebenheiten des Berufslebens und mit ihrem Partner tun können – und hier kommt der unverzichtbare Part ins Spiel, den die Männer zu übernehmen haben, und den sie bisher, das muß man selbstkritisch festhalten, noch nicht recht angenommen haben.

Wie können wir die Familie und andere soziale Netze fördern?

Familien*lasten*ausgleich als Familien*leistungs*ausgleich: Das beginnt mit der vollwertigen Anerkennung der Familientätigkeit als einer Berufstätigkeit, als einer Arbeitsleistung, die für die Beteiligten ebenso wie für die Gesellschaft vonnöten und unverzichtbar ist. Es versteht sich, daß diese vollwertige Anerkennung nicht rein ideeller Natur bleiben kann. Unter unseren

Lebensbedingungen müssen Arbeitsleistungen auch finanziell angemessen honoriert werden. Würde man Familientätigkeit nach der tariflichen Einstufung der Arbeitsplatzanforderungen bezahlen, errechnete sich für eine Voll-Hausfrau mit 45–55 Arbeitsstunden in der Woche ein fiktiver Monatslohn in der Größenordnung von 2500 bis 3500 Mark.

Vieles an der Hausarbeit ist und bleibt Privatsache, und es bleibt insofern auch Privatsache der Beteiligten, wie sie ihre Arbeitsteilung zwischen Familie und Beruf untereinander praktisch und finanziell regeln. Aber es gibt Bereiche der Familientätigkeit, die im ausgesprochenen Interesse der Öffentlichkeit liegen. In diesen Bereichen müssen Ehe, Familie und sonstige soziale Netze in dem Maße öffentlich unterstützt werden, wie sie öffentlich erwünschte Leistungen auch tatsächlich erbringen. Die Anerkennung von Erziehungsjahren bei der Berechnung der Altersrente ist hier ein Schritt in die richtige Richtung. Es entspringt keiner leichtfertigen Verteilungslaune, sondern entspricht einem leistungsorientierten sozialen Investitionsbedarf, wenn wir feststellen, daß die anrechenbaren Erziehungszeiten auszudehnen und außerdem um entsprechende Pflegezeiten zu ergänzen sind.

Zu diesem Mosaik gehört auch die eigenständige soziale Sicherung der Ehefrauen und Mütter. Was die Maßnahmen betrifft, die eine solche eigenständige Sicherung gewährleisten sollen, kann man im einzelnen unterschiedliche Auffassungen vertreten. Das Erfordernis als solches sollte heute nicht mehr strittig sein. Am gerechtesten und auch am anschlußfähigsten an das schon vorhandene System, ist eine leistungsbezogene und familiengerechte Partnerrente. Diese Partnerrente funktioniert bei getrennter steuerlicher Veranlagung der Ehepartner genausogut wie bei Ehegattensplitting. Wie das Beispiel anderer fortgeschrittener Länder zeigt, begünstigt eine getrennte steuerliche Veranlagung die Eingliederung der Frauen ins Erwerbsleben. Das kommt außer der eigenständigen Sicherung der Frauen auch dem allgemeinen Wohlstand und den öffentlichen Haushalten zugute. Aus anderen europäischen Partnerstaaten, z. B. Frankreich, wissen wir, daß eine erhöhte Erwerbsbeteiligung der Frauen durchaus auch mit einer höheren Geburtenziffer und Kinderzahl einhergehen kann. Das hängt ganz von den richtigen Rahmenbedingungen ab. Die Bundesrepublik gibt da mit einer relativ niedrigen Frauenerwerbsquote *und* einer gleichzeitig bestürzenden Kinderarmut kein gutes Beispiel ab.

Zu den schon traditionellen und wirksamen Maßnahmen der Familienförderung und des Familienlastenausgleichs gehört das Kindergeld. Es wird für jedes Kind unabhängig vom Einkommen der Eltern bezahlt. Erfreulich ist die Fortsetzung dieser Strategie in Form des Erziehungsgeldes. Es wird parallel zum Erziehungsurlaub, bis zu einem, jetzt eineinhalb Jahren gewährt. Die Zahlung erfolgt im ersten Halbjahr einkommensunabhängig und beträgt derzeit 600 Mark im Monat. Danach hängt die Höhe des Erziehungsgeldes vom Einkommen ab. Berlin hat für diese seit Januar 1986 geltende Maßnahme eine Vorreiterrolle gespielt, und hätte sie auch noch in weiteren Punkten fortgesetzt. In Berlin gibt es nämlich auch für ein weiteres Jahr nach der Geburt noch Erziehungsgeld. (Es heißt dann Familiengeld). Außerdem sollten Familien nach der Geburt eines Kindes ein sehr zinsgünstiges Familiengründungsdarlehen in Anspruch nehmen können. Leider sind diese Maßnahmen vom neuen Senat ganz oder doch teilweise gestrichen worden.

Solidarität zwischen Jung und Alt

Der Einführung von Pflegezeiten, Pflegeurlaub und Pflegegeld können wir uns kaum noch verschließen, umso weniger als ja der Öffentlichkeit in den letzten Jahren die zunehmende Überalterung infolge der Kinderarmut und der damit verbundenen Probleme bewußt geworden sind. Schon heute kommen auf hundert Erwerbstätige nur noch 42 Kinder und schon 36 Rentner. In zwanzig Jahren werden es voraussichtlich 35 Kinder und 45 Rentner sein, im Jahre 2030 gleich wenig Kinder und sogar 66 Rentner. Der Altersquotient, also das Verhältnis der 60(65)jährigen und Älteren zu den Erwerbstätigen, beträgt heute noch 36 (24) Prozent. In 15–20 Jahren wird er bei 50 (35) Prozent liegen. Der Rentnerquotient wird im Jahr 2030 sogar 64 Prozent erreichen – ein zweifelhafter Rekord im Vergleich zu 55 Prozent in Frankreich, oder 40 Prozent in USA und Japan.

Es ist völlig undenkbar, die heute schon hohen Rentenbeiträge zu verdoppeln oder das Rentenniveau zu halbieren. Beides würde das bisher so gut tragende Netz der Alterssicherung sprengen. Es ist deshalb gut, daß sich die Regierung heute schon, immerhin vierzig Jahre vor dem zu erwartenden Kulminationspunkt, zum Handeln entschlossen hat. Zu den Anpassungsmaßnahmen gehört die Umstellung von der Brutto- zur Nettolohnbezogenheit der Renten, eine Wiederanhebung der Altersgrenze in Richtung 65 Jahre, eine gewisse Neugewichtung von Beitrags- und Steuerfinanzierung der Rentenleistungen u. a. m. Weitere Anpassungsmaßnahmen werden folgen müssen.

Alle diese Maßnahmen finden in einem politischen Umfeld statt, das in diesen Fragen merklich empfindlicher geworden ist. Der einst so selbstverständliche Generationenvertrag wird von allen Beteiligten kritisch beargwöhnt. Nicht daß er pauschal in Frage gestellt würde. Jeder weiß zu gut, daß er selbst bald alt sein wird. Aber ganz offensichtlich werden die Modalitäten neu verhandelt. Die Alten befürchten, daß man ihnen die erworbenen und gewissermaßen »angesparten« Leistungsansprüche wegnehmen will. Sie werden sich zu helfen wissen. Allein der Gang zur Urne gibt ihnen ein politisches Gewicht, das es jeder Partei verbietet, gegen die Interessen der Alten Politik zu machen. Diese Macht der großen Zahlen erregt aber auch den Argwohn der Jüngeren. Die erwerbstätige Generation ist nicht mehr ohne weiteres bereit, zugunsten von Kindern und Alten Verzicht zu leisten.

Nicht daß die Jüngeren undankbar wären. Aber es läßt sich nicht länger verheimlichen, daß eine allmählich ansehnliche Zahl von Rentnern und besonders Pensionären höhere Einnahmen erzielen als viele der Erwerbstätigen, aus deren Beiträgen und Steuern diese finanziert werden. Die meisten Alten sind weder arm noch krank. Zu einem bestimmten Stichtag befinden sich nicht mehr als 3–4 Prozent der über 65jährigen im Krankenhaus und nur 4–5 Prozent im Altersheim. In vielen Industrieländern verfügen die über 60jährigen über mehr Spareinlagen, Wertpapiere und sonstige Depositen als jede andere Altersgruppe. Die Vermögenseinkünfte belaufen sich durchschnittlich inzwischen auf 25 Prozent der gesetzlichen Renten, und weitere 25 Prozent werden von den noch nicht 70jährigen durch Nebentätigkeiten dazuverdient. Schon daraus spricht eine erfreuliche Rüstigkeit und Leistungskraft. So haben findige Autoren neben den »Yuppies« (den Young Urban Professionals) eine weitere neue Gruppe ausgemacht – die »Grampies» (Growing Group of Retired Active Monied People in an Excellent State). In einer deutschen Wochenzeitung, die sonst eher für ihre Ausgewogenheit und Zurückhaltung bekannt ist, war gar schon von »gierigen Gruftis« die Rede, die sich – immerhin mit einem Fragezeichen versehen – auf Kosten der Jungen bereichern. Wenn die Dinge so wie heute blieben, »würde der Generationenvertrag als Kettenbrief entlarvt, in dem die Früheinsteiger absahnen und die Späteinsteiger die Zeche zahlen.«[1] Das ist mehr als überzeichnet. Es ist schließlich völlig in Ordnung und erwünscht, wenn man sich aufgrund lebenslanger Leistungen ein gewisses Sicherheitspolster erworben hat. Das Beitrags- und Versicherungsprinzip in der Rente schützt vor staatlichen Manipulationen, anerkennt die Lebensleistung und dient so dem Schutz und der Würde des alten Menschen.

Wir brauchen keine ganz neuen Rentensysteme wie »einheitliche Grundrente plus Eigenvorsorge«, »garantiertes Grundeinkommen« o. ä. Unser Rentensystem ist im Prinzip richtig konstruiert und erheblich leistungsfähiger als die denkbaren Alternativen. Denn es verbindet das bestimmende Versicherungsprinzip mit dem notwendigen Anteil Versorgungsprinzip, das vorherrschende Leistungsprinzip mit dem notwendigen Anteil an Bedarfsdeckungsprinzip, die Beitragsfinanzierung mit einer jeweils möglichst niedrigen Steuerfinanzierung. Dieses richtig konstruierte Mischsystem erlaubt jederzeit erforderliche Umbaumaßnahmen, und zwar durch Veränderung der Ausmaße, Proportionen und Rechnungsmodalitäten.

Dennoch machen uns Karikaturen wie die der »Grampies« und »Gruftis« darauf aufmerksam, daß die Solidargemeinschaft der Rentner und das solidarische Band zwischen den Generationen nach zwei Seiten hin einer Zerreißprobe ausgesetzt ist – nach »oben« durch eine gewisse Überversorgung einzelner Rentner- und Pensionärsgruppen und gleichzeitig nach »unten« durch die beschämende Altersarmut einer großen Minderheit von einer halben Million Menschen. Gerade die Alten bilden recht deutlich eine »Zwei-Drittel-Gesellschaft« für sich.

Die Schwelle zur Sozialhilfe liegt in der Rentenversicherung

[1] Christoph Conrad, *»Gierige Gruftis. Bereichern sich die Alten auf Kosten der Jungen?«*, *Die Zeit*, Nr. 39, 23. Sept. 1988, S. 23

näher als man glaubt. Ein Durchschnittsverdiener muß 26 Jahre arbeiten, um mit seiner Rente das Sozialhilfeniveau zu erreichen; für die 60 Prozent Hinterbliebenenrente sind es sogar 44 Jahre. Die Schwelle zur Altersarmut würde künftig noch näher rücken, wenn der Eintritt ins Erwachsenenleben aufgrund der immer längeren Verschulung sich weiter verzögern und wenn die Frühverrentung zunehmen würde. Wir müssen für diejenigen, die hier und heute ungerechterweise über die Schwelle zur Altersarmut geraten sind und die ihre bitter nötigen Leistungsansprüche verschämt verschweigen, etwas tun. Die wirksamste Lösung besteht darin, die Sozialhilfe, die den Betroffenen zusteht, mit der Rente zusammen auszubezahlen. Dazu bedarf es einer ebenso einfachen wie klaren Regelung. Die Aufstockung wird aus Steuermitteln finanziert, der Rentenanteil aus Versicherungsbeiträgen. Diese Betroffenen dürfen nicht weiterhin ein Spielball der Bürokratie sein, nur weil sich keine Lobby lautstark zu ihren Gunsten zu Wort meldet.

Der neue Generationenvertrag und das Konzept der Sozialzeit

Wir erkennen heute, daß sich der Generationenvertrag nicht im Geldumverteilen erschöpft. Gerade im Alter stehen sich nicht nur Wohlhabende und Ärmere gegenüber, sondern natürlicherweise auch eine Mehrheit von Rüstigen und eine mit steigendem Alter anwachsende Minderheit von chronisch Kranken und Hinfälligen. Mehr alte Menschen – das heißt auch mehr Menschen, die Pflege und Betreuung brauchen. Über alle Altersgruppen gerechnet sind drei Prozent der Menschen pflegebedürftig; aber ab achtzig Jahren sind es dreißig Prozent. Es gibt heute schon zwei Millionen Menschen in diesem Alter, und bald werden es drei Millionen sein – und viele, wenn nicht die meisten von ihnen, werden alleine, ohne Kinder und Verwandtschaft leben. Hier entsteht ein neuer Mangel, klafft zunehmend eine Betreuungslücke.

Mit dieser Betreuungs- und Dienstleistungslücke zeigt sich zugleich eine der noch bestehenden sozialen Sicherungslücken. Obwohl wir ein System der Vorsorge für die meisten der großen sozialen Risiken haben – zum Beispiel Unfall und Krankheit, Arbeitslosigkeit und Rente – gibt es eine Reihe schwerwiegender Situationen, die nicht abgedeckt werden. Dazu gehören zum Beispiel Invalidität ab Geburt, Krankheit oder Invalidität von nichterwerbstätigen Alleinerziehenden oder die soziale Sicherung von bei uns arbeitenden Ausländern. Das mit Abstand hervorstechendste Beispiel ist jedoch das Pflegefallrisiko. Niemand rechnet normalerweise damit, zum Pflegefall zu werden, aber im hohen Alter ist das anders. Es grenzt schon ans Unerträgliche, wenn bei uns ein Drittel des gesamten Zahngoldes der Welt verbraucht wird, wenn jedes Jahr für über drei Milliarden Mark Medikamente weggeworfen werden, wenn bei uns pro Kopf so viele überzählige und teure Krankenhausbetten stehen wie in keinem anderen Land der Erde und wenn die pharmazeutische Industrie für die Werbung mehr Geld ausgibt als für die Forschung, aber das Risiko der Pflegebedürftigkeit nicht abgesichert ist. Es kostet monatlich Tausende von Mark, wenn jemand zum Pflegefall wird und in ein Heim kommt. Dafür reicht die Rente so gut wie nie aus, und Ersparnisse sind bei solchen Belastungen bald erschöpft. Dann muß man zum Sozialamt und wird zum faktisch entmündigten Taschengeldempfänger. Die hundertprozentige Selbstbeteiligung im Pflegefall ist schlicht unverantwortlich.

Mit einer Pflegeversicherung wäre aber erst die finanzielle Seite geregelt. Die Betreuungs- und Dienstleistungslücke selbst ist damit noch nicht geschlossen, wenngleich die Finanzierung schon einmal eine sehr wichtige Voraussetzung dafür darstellt. In den meisten Orten und Regionen fehlen heute Alten- und Pflegeheimplätze. Der Mangel zeigt sich in jahrelangen Wartezeiten. Aber selbst wenn wir diesen Mangel mit einer großen Investitionsanstrengung beheben würden, bleibt fraglich, ob eine solche vollprofessionalisierte Heiminternierung die allein richtige Lösung des Problems darstellt. In bestimmten, sehr schweren Fällen wird kein Weg daran vorbeiführen. Aber wollte man diesen Weg generell und in jedem Fall gehen, wären die Kosten nachgerade unerschwinglich. Falls die bisher zu Hause von Angehörigen und Nachbarn versorgten pflegebedürftigen Menschen außerhalb des Hauses betreut würden, ergäben sich laufende Kosten von mindestens fünfzig Milliarden Mark im Jahr, die baulichen Investitionen nicht gerechnet. Vor allem jedoch die Pflegebedürftigen selbst, die Betroffenen, wollen viel lieber, so lange es eben geht, zu Hause betreut werden als in Heimen. Es ist vor allem ein Gebot der Menschlichkeit, die professionelle Fremdversorgung der Betroffenen durch die personale Betreuung von Angehörigen, Freunden, Nachbarn, kurzum durch mitmenschliche Hilfsbereitschaft zu ergänzen.

Das große demographisch bedingte Problem der Zukunft ist die Versorgung der wachsenden Zahl älterer Menschen mit sozialen Diensten. Die Probleme in diesem Bereich sind schwieriger zu lösen als im Rentenbereich. Denn hier geht es eben nicht nur um Finanzzuweisungen. Darüber hinaus kommt es darauf an, mitzutun. Es geht um die Zeit und die Zuwendung von Menschen für ihre Mitmenschen. Das Pflegeproblem ist dabei nur die Spitze eines Eisbergs. Denn Menschen brauchen mehr als medizinische Pflege. Sie brauchen Zuspruch und Rückhalt, Ermutigung, Geborgenheit, Wärme, Sympathie, Mitgefühl. Das alles kann man von Staats wegen nicht verordnen. Aber man kann Bedingungen schaffen, die dem zuträglich sind.

Zu diesen Bedingungen gehört vorab, sich daran zu erinnern, daß hinter jeder Geldwirtschaft noch immer eine Ökonomie der Zeit steckt. Gerade soziale Beziehungen beruhen darauf, daß wir mehr Zeit denn Geld füreinander aufbringen. Und das kommt auch beim Knüpfen der großen wie der kleinen sozialen Netze zum Tragen: mit Geldzuweisungen alleine ist es nicht getan, es geht vielmehr um Zeit und menschliche Zuwendung. Jetzt, wo im Zuge einer weit vorangetriebenen Individualisierung auch der Familienzusammenhalt und die patriarchalische Rollenverteilung brüchig geworden sind, tritt diese alte Wahrheit, die weitgehend in Vergessenheit geraten schien, wieder hervor. So wie wir selbst nicht nur Geld, sondern auch Zeit brauchen, müssen wir auch für andere nicht nur Geld, sondern auch Zeit aufbringen. Rund ein Fünftel des Einkommens muß für die Altersrente abgezweigt werden. Müßten die Jüngeren nicht auch ein Fünftel ihrer Zeit für die Älteren aufbringen? Es besteht eine Sozialpflichtigkeit des Eigentums und der Einkommen; ebenso besteht eine Sozialpflichtigkeit der Zeit. Der Generationenvertrag muß erweitert werden um die Dimension der Erbringung personaler Dienste und das für Angehörige ebenso wie für Nichtangehörige. Wie man selbst, als Heranwachsender und auch später, von anderen Geld und Zeit bekommt, hat man seinerseits außer Geld auch Zeit abzugeben, besonders Zeit für Kinder und Alte und überhaupt für Gemeinschaftsaufgaben.

In der Arbeitswelt hat man den Zusammenhang von Zeit und Geld längst erkannt und handelt danach. Der Produktivitätsfortschritt wird in Form von höheren Löhnen und Gehältern *und* in Form von mehr Freizeit verteilt. Es gibt nicht nur eine entfaltete Lohnpolitik, sondern ebenso eine zunehmend entfaltete Arbeitszeitpolitik. Entsprechend ist volkswirtschaftlich nicht nur eine bestimmte Einkommensverteilung vorhanden, sondern auch eine bestimmte Zeitverteilung. So wie es Menschen gibt, die immer knapp bei Kasse sind, gibt es auch Menschen, die nie genügend Zeit haben. Da wir unsere Zeit für

Geld verkaufen, spitzt sich das Dilemma zu: die Gutverdiener leiden unter Zeitarmut und Beziehungsarmut, und die, die ihr Leben sozial widmen, verdienen kein Geld oder zu wenig. Hierin liegt eine sozialpolitische Herausforderung ersten Ranges. Unsere Arbeitswelt und unsere alltägliche Lebenswelt sind immer noch überwiegend starr und nur auf sich selbst zentriert, daß den meisten Menschen eine sinnvolle und gerechte Geld-Zeit-Balance nicht möglich ist.

Die Tarifpartner müssen erkennen, daß Arbeitszeit und Freizeit noch nicht alles im Leben sind. Schon immer gab es zwischen beiden eine dritte Zeit – die Sozialzeit, die Zeit, in der man für andere Menschen, für den Dienst am Nächsten da ist. Man schlug diese Sozialzeit bisher einfach der Freizeit zu, aber ein so simples Weltbild ist heute nicht mehr aufrechtzuerhalten. Die Sichtweise, daß Arbeitszeit sich zusammensetzt aus bezahlter Erwerbsarbeitszeit im Beruf und unbezahlter Hausarbeit ist inzwischen fast Allgemeingut geworden. Sinngemäß gliedert sich auch die Freizeit in einen Teil, in dem man frei ist, für sich selbst etwas anzufangen, Sport zu treiben, den Fernseher anzuschalten oder zu meditieren, auszugehen oder in Urlaub zu fahren und jenen weiteren Teil, in dem man frei ist, sich anderen Menschen zu widmen – den Kindern, den Eltern, Verwandten, Freunden, Nachbarn. Häufig ist zur gleichen Zeit das eine mit dem anderen noch verbunden. Aber im Zuge der Differenzierung der Lebensverhältnisse ist es doch so, daß bestimmte Stunden schwerpunktmäßig und vorrangig einer bestimmten Art von Tätigkeit gewidmet sind – der Erwerbsarbeitszeit, der Hausarbeitszeit, der Sozialzeit oder der Freizeit.

Ein hoher Stellenwert der Sozialzeit ist ein grundlegendes Moment im neuen Generationenvertrag und überhaupt beim Neuknüpfen der sozialen Netze, bei der Wiederaneignung des Sozialen im Nahbereich, der Entfaltung einer selbstbewußten Kultur des Helfens. Im familiären Haushalt, für Angehörige unter einem Dach, ist die Sozialzeit noch am selbstverständlichsten; für Angehörige, die entfernt leben, schon etwas weniger. Auch für Freunde und gute Nachbarn ist man bereit, ein gewisses Maß an Hilfsbereitschaft aufzubringen. Aber die Mitbürger, die einem fremd sind, sind auch meistens weit entfernt aus unserem sozialen Gesichtsfeld und Aktionsradius. Es besteht also, von der Einzelperson her betrachtet, ein Gefälle des sich Angesprochenfühlens und somit auch der Motivation, sich praktisch zu engagieren. Hier müssen wir anknüpfen.

Selbsthilfegruppen

Zu den naheliegendsten Möglichkeiten, sich über die Familie hinaus sozial zu engagieren, gehören die Selbsthilfegruppen. Sie sind seit den 70er Jahren im Zuge der neuen sozialen Bewegung verstärkt aufgetreten. In diesen Gruppen kommen zum Beispiel Alleinerziehende zusammen, um sich gegenseitig mit Rat und Tat zu unterstützen oder Rheumakranke, oder Suchtkranke, die einander helfen, von der Sucht wegzukommen oder Behinderte oder Ausländer, um sich gemeinsam die Integration zu erleichtern.

Es liegt in der Natur der Sache, daß man nicht genau weiß, wieviele Selbsthilfegruppen es gibt. In Berlin sind uns mehrere hundert bekannt, und man schätzt, daß es insgesamt um die 1500–2000 gibt. Sie zählen rund 15 000 aktive Mitglieder. Zu einer Gruppe gehören meist zehn bis zwanzig Personen. Gelegentlich sind es auch weniger oder mehr. Knapp ein Drittel der Gruppen ist im Bereich der Altenarbeit tätig, knapp ein Viertel im Bereich Familie, Kinder, Jugend und Gemeinwesen. Es folgen die Bereiche Gesundheit, Sucht, Psychiatrie (15–20%), Ausländer (etwa 10%), feministische Gruppen (5–8%) und Behinderte (rund 5%).

Man hat die heutigen Selbsthilfegruppen häufig mit der Genossenschaftsbewegung verglichen. Das ist sicherlich zutreffend, insofern sich gleichartig Betroffene zusammenschließen, um gemeinsam ihre Anliegen zu verfolgen. Im Unterschied zu früheren Arten von Selbsthilfegruppen weisen die heutigen jedoch ein besonderes Charakteristikum auf. Sie sind nicht produktions- und konsumorientiert. Ihre Tätigkeit liegt außerhalb der Arbeitszeit *und* außerhalb der Freizeit: Sie ist Sozialzeit. In den Gruppen leisten die Beteiligten einander praktische soziale Dienste, und sie geben einander psychosozialen Beistand. Die Tätigkeit der Selbsthilfegruppen zeichnet sich dabei durch die besondere Kompetenz aus, die von der eigenen Betroffenheit und daher Sachkenntnis der Mitglieder herrührt. Diese Laienkompetenz ersetzt jedoch nicht den Beitrag der professionellen Kräfte. Zum Beispiel leisten die Gruppen keine medizinische Therapie im engeren Sinne. Sie sind in dieser Hinsicht behandlungsbegleitend tätig, vor- und nachbereitend. Die professionelle Hilfe und die Laien-Selbsthilfe ergänzen einander. Hier ist eine neue Form der Kooperation entstanden. Viele Gruppen werden inzwischen professionell geführt, einfach deshalb, weil sie so stabiler und dauerhafter sind. Die Mitglieder kommen und gehen alle paar Jahre, die Gruppe bleibt.

Die auf wenige Jahre begrenzte Verweildauer der Mitglieder in der Gruppe entspricht den Bedürfnissen der Betroffenen und ist ein Ausdruck für die erfolgreiche Existenz der Gruppen. Personen, die wenigstens ein Jahr kontinuierlich in einer Gruppe mitmachen, sind zum Beispiel weniger depressiv, haben weniger körperliche und seelische Beschwerden, zeigen mehr Selbstbewußtsein, und sie entwickeln eine erhöhte Bereitschaft, sich nicht nur um sich selbst zu kümmern, sondern auch anderen zu helfen. Tatsächlich fühlen sich über 90% der Mitglieder in Selbsthilfegruppen stabilisiert und in ihrer Befindlichkeit gebessert, in ihrer Fähigkeit zu Initiative, Kontakt und Bindung gestärkt, nicht zuletzt in ihrer Kompetenz durch

Austausch von Informationen und Erfahrungen erweitert. Kranke zum Beispiel lernen, mit weniger, dafür aber den richtigeren Medikamenten auszukommen. Insbesondere Suchtkranke erzielen eine hohe Erfolgsquote. Die Wirkung besteht, kurz gesagt, in weniger Quantität und mehr Qualität. Solche qualitativen Erfolge sind nicht nur ein Gewinn für die unmittelbar Beteiligten, sondern ebenso für die sozialstaatliche Solidargemeinschaft. Denn diese Erfolge bedeuten, daß den sozialen Versicherungsträgern und Behörden eine Vielzahl von Interventionen erspart bleibt, die sonst, wenn sich die Beteiligten nicht derart stabilisiert haben würden, auf sie zukämen. Die Förderung von Selbsthilfegruppen mit öffentlichen Mitteln ist deshalb politisch richtig, und sie ist auch ökonomisch vernünftig.

Durch das Prinzip der gegenseitigen Dienstleistung in der Gruppe ist Selbsthilfe, im Vergleich zu entsprechenden Einzeldienstleistungen, häufig wirkungsvoller und billiger. Jede Mark, die Selbsthilfegruppen zufließt, erspart in den meisten Fällen vier bis zehn Mark, die sonst für Krankheits- und Kriseninterventionen an anderer Stelle fällig würden. In Berlin zum Beispiel werden für den »Selbsthilfetopf« inzwischen zehn Millionen Mark jährlich eingestellt, und etwa weitere zehn Millionen fließen den Gruppen aus anderen Haushaltstiteln zu. Gäbe es diese Förderung jedoch nicht, würden andere Haushalte – besonders die Krankenkassen, das Arbeitsamt oder Polizei und Justiz samt Vollzug – jährlich mit mindestens 100 Millionen Mark zusätzlich belastet. Dies ergab eine Studie über die Wirkungen der Selbsthilfegruppen in West-Berlin. Selbsthilfe spart nicht aktuelle Kosten, aber sie entlastet von sonst drohenden Kosten. Angesichts der notwendigen Zunahme von sozialen Diensten und der damit einherrollenden »Kostenlawine« sind solche Entlastungseffekte von größter Bedeutung.

Die Selbsthilfegruppen erzielen diese erfreulichen Wirkungen aufgrund ihrer besonderen Stellung im sozialen Gewebe.

Sie verbinden fachliche Hilfe mit psychosozialem Zusammenhalt. Damit bilden sie ein Bindeglied – einen intermediären Reißverschluß – zwischen der nahen Privatwelt und den fernen Institutionen von Markt und Staat. Sie sind deshalb fähig, professionelle Arbeit und Laienaktivität miteinander zu verknüpfen und ebenso die bloße Selbsthilfe mit der Hilfe für andere. Zwar besteht das ursprüngliche, und auch ganz legitime Motiv, einer Selbsthilfegruppe beizutreten, zunächst einmal darin, etwas *für sich* zu erreichen; aber man kann dies im Rahmen der Gruppe nur, wenn man zugleich etwas *für andere* tut, und die Erfahrung zeigt, daß dieser Dienst für andere bald über den Rahmen der Gruppe hinauszugehen pflegt. Viele Gruppen werden faktisch als Anlauf-, Beratungs- und Hilfsstellen von außen, also von Nichtmitgliedern, in Anspruch genommen. Viele Gruppen geben solche Hilfe auch von sich aus. Typisch sind zum Beispiel Altengruppen, die andere Alte regelmäßig besuchen und betreuen. Kleine intermediäre Netze wie die Selbsthilfegruppen spielen im sozialen Nahbereich im Rahmen einer Ökologie des Sozialen eine kaum hoch genug zu bewertende Rolle.

Hilfsbereitschaft und ehrenamtliche Tätigkeit

Selbsthilfe geht nahtlos in Nachbarschaftshilfe und weitergehendes soziales Engagement über. Viele Probleme unserer Gesellschaft sind auf Dauer nur lösbar, wenn die Bürger dabei mitwirken. Dies betrifft die politische Mitwirkung, die Mitarbeit in der Gemeinde, die Elternbeteiligung in der Schule oder die Mitwirkung im Unternehmen geradeso wie soziale Dienste. Hier liegt ein weiterer Schwerpunkt subsidiärer Sozialpolitik.

Nehmen wir ein typisches Beispiel. Eine hilfsbedürftige Person lebt alleine in der eigenen Wohnung. Täglich kommt ein

Pfleger, Essen auf Rädern, und dreimal die Woche eine Haushaltshilfe. So weit, so gut. Aber was macht die betreffende Person in den vielen restlichen Stunden? Soll es dafür, salopp gesagt, staatlich geprüfte Vorleser oder approbierte Rollstuhlschieber geben? Wer löst jene Probleme, deren auffälligster Ausdruck es ist, daß ein alter Mensch tot in der Wohnung liegen kann, ohne daß jemand es bemerkt? Soll es denn staatlich organisierte Besuchsdienste in reglementierten Abständen geben, die von Leuten verrichtet werden, für die dann eine gesonderte Ausbildung, Prüfung und ein Berufsbild entwickelt werden müssen?

Eine angemessene Lösung liegt sicher in der Neuentdeckung und Förderung nachbarschaftlicher Hilfen und ehrenamtlicher Dienste. Dies ist eine der ganz großen auf uns zukommenden sozialen Aufgaben. Wir müssen das Engagement für ehrenamtliche Arbeit bei uns neu wecken. Es gibt bei uns eine Hilfstradition aus christlicher Nächstenliebe. Aber wie die Kirchen und andere Trägerorganisationen berichten, ist hier eine rückläufige Tendenz zu beklagen – eine Kehrseite der Emanzipation. Mit ihr wird zugleich deutlich, daß es bei uns – wo kirchliche und staatliche Obrigkeit traditionell Verantwortung abnahmen – wenig bürgerliches Sozialengagement gibt, jedenfalls erheblich weniger als in den angelsächsischen Ländern. Dort sind eine Vielzahl von philantropischen »Charities« (Nächstenhilfe-Vereine) und »Volunteers« (Freiwillige) weniger denn je aus der »Welfare-Society« wegzudenken. Das persönliche soziale Engagement gehört in diesen Ländern zum Verhaltenskodex. Die Frage, ob man ein freiwilliges soziales Jahr, einen Entwicklungshilfe-Einsatz oder ähnliches absolviert hat, spielt bei der Vergabe von Studien- und Arbeitsplätzen neben den Zeugnisnoten auch eine Rolle.

Auch bei uns gibt es viele Mitbürgerinnen und Mitbürger, die durchaus der Meinung sind, daß mit ihren Steuern und Abgaben noch nicht alles erledigt ist. Umfragen zeigen, daß sich rund zehn Prozent hier und heute schon sozial engagieren, und daß zwischen 35 Prozent (Allensbach 1982/83) und 52 Prozent (Emnid 1984 für Berlin) der Befragten bereit sind zu helfen, wenn ihnen nur konkret gezeigt wird, wie und wo sie helfen können. Das sind hochgerechnet zwischen 18 und 28 Millionen Bürger. Dieses Potential an Hilfsbereitschaft läßt sich mobilisieren. Zu lange hat der Staat den Eindruck vermittelt, Behörden könnten alle Probleme lösen. Weit gefehlt. Der Staat kann nicht alles, nicht einmal sonderlich viel. Er kann und muß subsidiär Hilfe zur Selbsthilfe geben und dafür sorgen, daß Hilfsbedürftige und Hilfsbereite leichter zueinanderfinden.

Hierbei können und sollen die ehrenamtlichen Helfer die Arbeit der professionellen Diensteleister nicht übernehmen. Tatsächlich erbringen sie ja ganz anders geartete, zusätzliche Leistungen, die betreuungsbedürftigen Menschen – Kindern, Kranken, Alten, Behinderten, Ausländern – den Alltag lebenswerter gestalten sollen. Dienste, die eine Fachausbildung voraussetzen, werden wie bisher nur von Fachleuten verrichtet. Wo aber weder eine fachliche Vorbildung noch eine ständige Verfügbarkeit nötig ist, da haben Ehrenamtliche ihr Einsatzfeld. Das Engagement der ehrenamtlichen Helfer ist ebenso unverzichtbar wie die Arbeit der Hauptamtlichen.

Wir haben in Berlin ganz systematisch für ehrenamtliche Dienste geworben. Schon 1984 wurde zum Beispiel eine Werbeaktion »Die Hilfsbereitschaft« durchgeführt und 1985 eine weitere unter dem Motto »Ich für Dich«, auf die sich über zweitausend Bürger meldeten. Fast tausend von ihnen konnten als ehrenamtliche Helfer neu gewonnen werden. 1986 wurde unter dem Motto »Berliner helfen – Ehrensache« zusammen mit den Wohlfahrtsverbänden eine dritte Aktion gestartet, um freiwillige Helfer zu gewinnen, und 1987 eine vierte, stadtteilbezogene Aktion »Markt der sozialen Möglichkeiten«.

Mit diesen Mobilisierungskampagnen ist erst ein Anfang

gemacht worden. Damit es weitergeht, brauchen die gewonnenen Helfer eine verläßliche Orientierung und Anleitung. Dazu werden Anlaufstellen und Treffpunkte benötigt. Sozialstationen erfüllen diese Aufgabe zum Teil, ebenso die Wohlfahrtsverbände sowie Nachbarschaftsheime, Mütterzentren, Selbsthilfegruppen. Wo eine solche Infrastruktur fehlt, kann man eigens Vermittlungsbüros einrichten, etwa nach dem angelsächsischen Vorbild der Houses of Volunteers.

Der Staat kann ehrenamtliche Hilfen nicht verordnen. Er kann aber die Voraussetzungen schaffen, unter denen freiwilliges soziales Engagement möglich wird. Zu den Voraussetzungen gehören die erwähnten Infrastruktur-Einrichtungen, aber darüber hinaus auch weitergehende Vor- und Rahmenbedingungen. Wer zum Beispiel in der Kindheit nicht gelernt hat, praktisch mitzutun und sich seiner Gemeinschaft nützlich zu machen, wird dies als Erwachsener kaum je noch lernen. Angesichts des beschädigten Familienzusammenhalts und der Vielzahl von Einzelkindern kommt hier der schulischen Erziehung ein um so größeres Gewicht zu.

Wir können und wollen die Menschen nicht, wie in kommunistisch regierten Ländern, über betriebliche Kollektive erfassen. Es gibt Möglichkeiten, sie in der Freizeit und in der Privatsphäre anzusprechen, aber auch diese Möglichkeiten sind, zu Recht, begrenzt. Auch wäre es Unfug, soziales Engagement durch Dauerpropaganda in den Medien erreichen zu wollen. Es bleibt also die Schule als der Ort, wo Menschen für die Fragen notwendigen sozialen Engagements sensibilisiert werden können, und dies auch noch frühzeitig genug, in einem Alter, wo man noch genügend Offenheit und Neugierde dem Leben gegenüber besitzt.

Können wir uns das leisten, große Schulgebäude und -areale, die vergleichsweise aufwendig ausgestattet sind, einfach nur halbtags zu gebrauchen und sie für den Rest der Zeit meist abzuschließen und brachliegen zu lassen? Wären sie nicht besser, die nötige Aufsicht und Betreuung vorausgesetzt, als Treffpunkt und Ort von Aktivitäten geeignet, in denen Lernen, Freizeit und Sozialzeit in pädagogisch geeigneter Weise miteinander verbunden werden? Es gibt schulische Leichtathletik-Arbeitsgemeinschaften, Politik-Arbeitsgemeinschaften, Musik-Arbeitsgemeinschaften und andere; warum soll es keine Sozial- und Gemeinwesen-Arbeitsgemeinschaften geben? Warum sollten Schulen und zum Beispiel Kirchengemeinden oder Sozialstationen keine Kooperation vereinbaren, etwa für Besuchs-, Boten-, Einkaufsdienste usw.?

Freilich sind unsere Lehrer durch ihre akademische Ausbildung darauf nicht vorbereitet. Hier ist zunächst einmal die Bildungs- und Jugendpolitik gefordert. Ich denke dabei z. B. an soziale Praktika, die in die Schul- und Ferienzeiten integriert sind, oder auch an eine Ausdehnung des freiwilligen sozialen Jahres für Schulabgänger. Für viele Berufsbilder wäre dies ein Stück Qualifikation. Es ist für alle Beteiligten sinnvoll und legitim, sich hier berufliche Interessen zu eigen zu machen. Die Kinderarbeit des 19. Jahrhunderts wurde mit gutem Grund verboten. Aber das kann kein scheinheiliger Vorwand dafür sein, sinnvolle soziale Aufgaben nicht zu übernehmen, deren Erfahrung für die Gemeinschaft und für die Jugendlichen selbst nur eine persönliche Bereicherung von praktischem Nutzen sein kann.

Diejenigen, die helfen wollen, sollen nicht auch noch Nachteile und finanzielle Einbußen hinnehmen müssen. Dafür müssen entsprechende Randbedingungen geschaffen werden. Es bedarf eines gewissen Gefüges von Garantien, Entschädigungen und auch Anreizen. So ließe sich beispielsweise mit gutem Grund darüber nachdenken, ob nicht zum Freizeiturlaub und Bildungsurlaub eine Art »Sozialzeiturlaub« hinzutreten könnte. Zu klären wäre, wie solche Sozialzeit-Tage oder -Wochen finanziert werden. Unabhängig davon kommt es darauf an, daß nicht nur Jugendliche, Alte und Hausfrauen an der sozialzeitlichen Solidargemeinschaft teilnehmen, sondern auch die Erwerbstätigen, soweit ihre Arbeit dies zuläßt. Es gibt Beispiele dafür, daß einzelne Unternehmen Patenschaften für soziale Einrichtungen übernehmen und in diesem Rahmen auch Arbeitskräfte freistellen.

Noch naheliegender allerdings ist eine andere Reihe von Entschädigungen und Anreizen. Die Aufwandsentschädigungen, die ehrenamtliche Helfer heute erhalten, reichen oft nicht einmal fürs Fahrgeld. Sie müssen deutlich erhöht werden, um sämtliche Auslagen, die im Zusammenhang mit ehrenamtlicher Tätigkeit entstehen, abzudecken. Weiter sollte geprüft werden, ob nicht eine geringe finanzielle Anerkennung, etwa ein Taschengeld aus ehrenamtlicher Arbeit, von der Besteuerung ausgenommen werden kann. Außerdem – dies wurde bereits erläutert – muß freiwilliges Engagement insbesondere in der Pflege in Form von beitragslosen Pflegejahren in der Rentenversicherung anerkannt werden. Zwar soll es bei dem Grundsatz bleiben, daß freiwillige Hilfe nicht bezahlt wird. Kosten entstehen dennoch, und diese müssen beglichen werden.

Auch darf man sich nicht von vornherein intermediären Formen des Tätigseins verschließen, die nicht rein ehrenamtlich sind, aber auch kein Arbeitsverhältnis darstellen. Zum Beispiel gibt es im Burgenland die Möglichkeit, einen Betreuungsvertrag abzuschließen, für den ein geringfügiges Honorar aus öffentlichen Mitteln bezahlt wird. Auf diese Weise besteht ein Anreiz, nebenher eine Kleinigkeit dazuzuverdienen und dafür betreuungsbedürftige Personen kontinuierlich und verläßlich zu versorgen, Personen, für die sich freiwillige Helfer sonst nicht finden lassen und professionelle Helfer überqualifiziert und zu teuer wären.

Die Motivation, jemandem zu helfen, wurde bisher typischerweise durch Verwandschaftsbeziehungen begründet. Brauchte die Mutter oder Schwiegermutter Hilfe, so war und ist dies ein klarer Auftrag an die Kinder. Wenn diese traditionellen Beziehungen nun aus den Fugen geraten sind, müssen neue Motivationsfelder gesucht werden, die die Menschen veranlassen, für ihre Nächsten etwas zu tun, auch wenn keine Verwandschaftsbeziehungen bestehen. Aufgabe für die Zukunft ist es, solche Motivationen *millionenfach* zu wecken. Sicherlich ist es hervorragend, daß es in einigen Bundesländern gelungen ist, flächendeckend Sozialstationen einzurichten. Dies ist eine ganz wichtige Hilfe für den Ausbau der ambulanten Betreuung und Versorgung. Nur: Angesichts dessen, was in Zukunft nötig sein wird, bewegt sich das immer noch in Maßen des berühmten Tropfens auf den heißen Stein.

Sozialer Dienst als demokratische Bürgerpflicht

Es wäre nicht redlich, wenn wir hier der unbequemen Frage aus dem Wege gehen würden, ob und in welchem Maße Kommunen oder Staat berechtigt sind, die Sozialpflichtigkeit der Zeit ihrer Bürger auch praktisch einzufordern. Man muß realistischerweise damit rechnen, daß auch eine optimale Ausschöpfung der bisher genannten, auf Freiwilligkeit beruhenden Maßnahmen, noch nicht ausreicht, das erforderlich werdende Volumen an Zeit und Köpfen auf die Beine zu bringen; und man muß ebenso realistischerweise damit rechnen, daß es voraussichtlich unlösbare Kapazitätsprobleme aufwirft, würde man das verbleibende Manko vollprofessionell nach Bundesangestellten- und Beamtentarif abdecken wollen. Es ist gar keine Frage, daß wir, auch und gerade bei Selbsthilfe und ehrenamtlicher Mitarbeit, noch viel mehr reguläre professionelle Kräfte benötigen, um die sich immer weiter öffnende Dienstleistungslücke zu schließen. Aber auch diese wünschenswerte und notwendige Expansion von Stellen für Hauptamtliche wird an ihre finanziellen und menschlichen Grenzen stoßen. Wir können schließlich nicht, wie Goethe dies einmal ausdrückte, die ganze Gesellschaft in ein Krankenheim verwandeln, worin der eine des andern Krankenwärter ist.

Es ist auch heute noch, fast ein halbes Jahrhundert nach der Naziherrschaft, aus gutem, besser gesagt ungutem Grund nicht möglich, sich diesem Thema unvoreingenommen zu nähern. Die Nazis hatten die freie Arbeitslagerbewegung, wie auch verwandte soziale Bewegungen der 20er Jahre im Rahmen der Arbeitsfront gleichgeschaltet und sie für paramilitärische Zwecke mißbraucht, soweit sich diese Bewegungen haben mißbrauchen lassen. Es gibt keinerlei Anlaß, dies auf irgendeine Weise zu relativieren oder zu entschuldigen. Aber ist es deshalb zutreffend, alles was mit Arbeits- bzw. Dienstpflicht zu tun hat, gleich unter Faschismusverdacht stellen?

Im Ausland empfindet man das als grotesk. In den Vereinigten Staaten zum Beispiel gibt es eine Diskussion, ausgehend von den schon vorhandenen zahlreichen Programmen, alle Jugendlichen mit staatlicher Unterstützung an einem »National Service« zu beteiligen. Man weiß, daß der Wert und Nutzen eines solchen National Service seine Kosten mehr als wettmacht. Er schafft bei den beteiligten Jugendlichen Bewußtsein und Kenntnisse über die Bedürfnisse und Lebenslagen anderer Menschen, kurz: Lebenserfahrung. Er vermittelt eine solide Arbeitserfahrung, erhöht die Vermittelbarkeit am Arbeitsmarkt und erfüllt eben nicht zuletzt eine Vielzahl sozialer Dienste. Diese reichen von der Pflege und Betreuung von Kindern und Alten über die Nachhilfe für Analphabeten bis zu einfachen Park-, Wald- und Ufersäuberungsaktionen und vieles davon auch zusammen mit ausländischen Jugendlichen im Interesse der Völkerverständigung. Eine kürzlich durchgeführte Gallup-Umfrage ergab, daß ein Viertel der amerikanischen Jugendlichen auch freiwillig zu einem solchen National Service bereit wäre, und daß 83 Prozent der Bevölkerung einen allgemeinen National Service ausdrücklich gutheißen würden.[1]

Diese breite Zustimmung zu einem National Service in einem so demokratischen Land wie den Vereinigten Staaten ist kein Zufall. Die unselige Naziherrschaft hat uns Deutsche vergessen gemacht, daß nationale Dienstpflicht von Beginn an eine der demokratischen Schlüsseltugenden der modernen Bürgerschaft gewesen ist. Nicht von ungefähr besaß die allgemeine Wehrpflicht ihren zentralen Stellenwert unter den Errungenschaften der Französischen Revolution. Sie war nicht von Diktatoren und abgehobenen Bürokraten oktroiert worden. Sie war eine Herzensangelegenheit der sich für *ihre* Nation begeistert engagierenden Bürger. Nun haben die Zeiten sich gründlich geändert, und es ist im Zeichen des Übergangs vom Aufbau zum Umbau der modernen Industrienationen zu begrüßen, wenn allmählich eine Mehrheit unter den Jugendlichen sich eher für einen zivilen Dienst erwärmt als für den militärischen. Aber so und so besteht die Tatsache, daß eine Dienstpflicht zur Erfüllung von Gemeinschaftsaufgaben zum staatsbürgerlichen Kanon einer lebendigen Demokratie gehört.

So gesehen ist es nur konsequent, wenn sich auch bei uns seit Mitte der 80er Jahre die Stimmen mehren, die für ein obligatorisches soziales Jahr für Jugendliche im schon reiferen Alter eintreten. Dagegen werden von interessierter Seite regelmäßig Einwände erhoben, die häufig schon ein wenig stereotyp ausfallen. Oftmals ist es da schwierig zu unterscheiden, inwiefern die Einwände vorgeschoben und inwiefern ernst zu nehmen sind. Ernst zu nehmen, aber auch leicht auszuräumen, sind die

[1] Donald J. Eberly, *»Let all young people join National Service«* in: *The New York Times*, 30 March 1988, A26; Ders./Louise K. Eberly, *»It is Time for National Service«*, in: *The Christian Science Monitor*, 31 December 1987, p.11.

Befürchtungen von Hauptamtlichen und Gewerkschaften, mit einer sozialen Dienstpflicht sollten reguläre Stellen ersetzt werden. Das soll und kann natürlich überhaupt nicht der Fall sein. Wo auf eine Schwester bis zu zehn Operierte kommen, braucht man zuerst einmal mehr ausgebildete und besser ausgestattete Schwestern und nicht mehr dienstpflichtige Hilfskräfte. Freilich schließt das eine das andere überhaupt nicht aus. Auch erfordert die Durchführung eines solchen Dienstes *mehr* hauptamtliche Stellen, und es verhält sich so, daß die ihren Dienst Ableistenden faktisch Hilfskräfte für die Hauptamtlichen sind. Hier liegt das eigentliche Problem. Man kann verstehen, daß es vielen Hauptamtlichen lästig ist, Jahr für Jahr immer neue Helfer anlernen zu müssen. Das verursacht heute schon bei der Mitarbeit von Ehrenamtlichen in Sozialstationen und anderswo Probleme. Offensichtlich haben diese Probleme aber nichts mit der Dienstpflicht als solcher zu tun.

Eine andere Art von Einwänden geht dahin, es sei für die Betroffenen eine Zumutung, wenn unerfahrene und unwillige Jugendliche auf sie losgelassen würden. Umgekehrt seien viele Jugendliche den sozialen Anforderungen und seelischen Belastungen eines sozialen Dienstes nicht gewachsen. Hier ist eine Mischung aus Ressentiment und verzerrtem Wirklichkeitssinn am Werk. Man braucht nur einen Blick auf den heute schon vorhandenen Zivildienst zu werfen, um zu sehen, daß die soziale Hilfsarbeit der Zivildienst Leistenden überall hochwillkommen ist, und daß sie von den Beteiligten und Betroffenen geschätzt und dankbar angenommen wird. Schon unser heutiges System der sozialen Dienste würde ohne den unverzichtbar gewordenen Beitrag der Zivildienstleistenden zusammenbrechen. Die Zivildienstleistenden werden ja nicht wild auf irgendwen losgelassen, sondern sie arbeiten immer unter professioneller Anleitung.

Etwas anderes ist vielleicht die Frage, ob manche von ihnen seelisch überfordert werden. Das mag in Einzelfällen vorkommen. Nur muß man sich hier eine geradezu volkspädagogische Frage stellen: Sind diese wenigen seelisch überfordert, weil die Probleme, mit denen sie in der Praxis konfrontiert werden, tatsächlich zu groß sind; oder nehmen sie diese Probleme nur als so groß wahr, weil sie ihre Kindheit und Jugend unter einer überbehütenden Käseglocke fern sozialer Gemeinschaft und Praxis verbringen und sich überfordert fühlen, sobald der Ernst des Lebens an sie herantritt. So gesehen wäre eine solche Sozialzeit um so mehr zu befürworten.

Eine weitere Frage geht dahin, ob ein eventueller obligatorischer Sozialdienst auch für Frauen oder, wie manche es mißverstanden haben, nur für Frauen gelten solle. Von Frauenseite wird dagegen zu Recht geltend gemacht, daß es bis heute ja immer noch sehr einseitig sowieso die Frauen sind, die im familiären und verwandschaftlichen Rahmen freiwillig bis gezwungenermaßen Betreuungs- und Pflegeleistungen erbringen. Das ist anzuerkennen. Aber das Argument verfehlt immer noch die Frage, was mit denen werden soll, die nicht zur Familie und Verwandtschaft gehören.

Gegenwärtig ist eine befriedigende Antwort auf die Frage, ob Frauen in einen obligatorischen sozialen Dienst einbezogen werden sollen, noch nicht möglich. Wir befinden uns noch zu sehr in einem Übergangsstadium, wo alte Rollenmuster für Männer und Frauen und die Emanzipation beider Geschlechter davon gleichzeitig bestehen und sich allzusehr überlappen. Dennoch können wir sinnvollerweise mehrerlei auf den Weg bringen, und die tatsächlich stattfindenden Entwicklungen weisen genau in diese Richtung: Wir können die Wahlmöglichkeit von Militärdienst und Zivildienst für Männer weiter ausbauen; wir können auf Wunsch Frauen den Zugang zu einem Militärdienst erleichtern; wir können die Möglichkeiten, ein freiwilliges soziales Jahr, einen freiwilligen Umweltdienst, einen freiwilligen Entwicklungshilfeeinsatz u. ä. zu absolvieren, systematisch ausbauen. Als sehr langfristige Resultate ergibt sich daraus wie von alleine eine allgemeine Dienstzeit für jugendliche Männer und Frauen, wahlweise für militärische und nicht-kasernierte zivile Aufgaben. Diese zivilen Aufgaben können sich auf das gesamte Spektrum gemeinnütziger Tätigkeiten beziehen. Statt von einem »sozialen Pflichtjahr« könnte man genausogut von einem »Gemeinschaftsdienst« oder einem »gemeinnützigen Jahr« sprechen.

Namen sind zwar vielleicht nicht gerade Schall und Rauch, aber doch zweitrangig gegenüber dem, was zu tun ist. Es geht darum, die Herausforderungen der neuen sozialen Fragen zu meistern und zwar mit allen erdenklichen und sinnvollen Ansätzen und Maßnahmen, von der Stärkung des familiären, nachbarschaftlichen und kollegialen Zusammenhalts bis zum Ausbau der professionellen sozialen Dienste in Verbindung mit Selbsthilfe, Ehrenamt und, soweit es sein muß, sozialer Dienstpflicht. Wir müssen begreifen, daß es mit kleineren Korrekturen an einigen Ecken nicht getan ist. Eine prinzipielle Umorientierung ist gefordert, ein Umbau des Sozialstaats, ein neuartiges Geflecht sozialer Dienstleistungen, ein neues Ethos des Dienens, eine Kultur des Helfens. Darin liegt schließlich nicht nur und nicht so sehr die Belastung, sich für andere aufzugeben, als vielmehr die Chance, seine Freizeit als Sozialzeit sinnvoll zu nutzen. Im Gebrauchtwerden und Gefragtsein liegt eine Verheißung auf Selbstverwirklichung, die befriedigender und tragfähiger ist als der flüchtige Reiz passiven Konsumierens. Notwendig ist die Veränderung des Verhaltens von Millionen von Menschen. Nur durch eine solche massenhafte Veränderung des alltäglichen Verhaltens werden die neuen sozialen Fragen, wie übrigens auch die ökologischen Fragen, auf menschenwürdige, sinnvolle und dauerhaft wirksame Weise lösbar sein.

Arbeit und Beschäftigung

Arbeit für alle – der kategorische Imperativ der Arbeitsgesellschaft

Mancher Leser mag sich gefragt haben, weshalb in einem Buch wie diesem, das sich mit den brennenden sozialpolitischen Problemen unserer Zeit befaßt, das Thema Arbeit, und besonders das Thema Arbeitslosigkeit, nicht schon längst systematisch zur Sprache gekommen ist. Der Grund dafür liegt in der veränderten Perspektive, mit der ich mich sozialen Fragen nähere. Die Sozialpolitik der industriellen Aufbau-Zeit war dadurch gekennzeichnet, daß man alles um das Kapital-Arbeits-Verhältnis herum konstruierte, alles vom Arbeitsvertrag her betrachtete; nicht nur die Systeme der sozialen Sicherheit, das ganze Leben. Eben dies hat nicht nur zu den unbestreitbaren sozialen Fortschritten, also dem Aufbau des Sozialstaates geführt, sondern auch zu gewissen Grenzen der bisherigen Sozial- und Arbeitspolitik, wie sie im zweiten Kapitel angesprochen wurden.

Auf dem Weg zum sozialen und ökologischen Umbau der Industriegesellschaft wird dies anders.

Das heißt nun überhaupt nicht, daß die Erwerbsarbeit, der Arbeitsmarkt und die industrielle Arbeitswelt keinen zentralen Stellenwert mehr besäßen. Ganz im Gegenteil. Das menschliche Leben ist in der modernen Gesellschaft in zweifacher Weise verankert, und Beruf und Arbeitsplatz stellen eine dieser beiden unverzichtbaren lebensbegründenden Verankerungen dar. »Arbeit für alle« ist und bleibt der kategorische Imperativ der Arbeitsgesellschaft. Jedoch kommt es darauf an, die Probleme der Arbeit nicht länger isoliert und vereinseitigt zu betrachten. Es ist doch offensichtlich, daß allzu viele Gelehrte und Praktiker mit ihrem Arbeitsmarkt- und Beschäftigungslatein am Ende sind.

Arbeit hat Vorrang vor Kapital

Es ist offenbar nicht mehr möglich, den Arbeitsmarkt- und Beschäftigungsproblemen gerecht zu werden, wenn man sie weiterhin nur im sehr engen Zusammenhang von Preisen und Löhnen, Angebot und Nachfrage, Qualifikation und Mobilität usw. betrachtet. Alles das ist sehr wichtig. Aber es gibt noch weitere, nicht minder wichtige Bedingungen, die das Arbeitsleben der Menschen bestimmen: nämlich ihr ganz persönlicher sozialer Hintergrund, ihr Lebensweg, ihre Stellung im sozialen Gefüge und vergleichbare Sachverhalte. Wenn man den Arbeitsmarkt nicht mehr nur ausschließlich im Rahmen seiner eigenen begrenzten Logik untersucht, sondern ihn auch auf die Erfordernisse der Personen und ihrer Lebensgemeinschaften bezieht, werden sich viele der jetzigen Beschäftigungsprobleme leichter und schneller lösen lassen.

Vielleicht wird sich bald die Einsicht durchsetzen, daß eine Politik der Vollbeschäftigung nicht ausschließlich Wirtschafts- und Tarifpolitik sein kann. Wenn man nicht länger von den Menschen und ihren Familien erwartet, daß sie sich umstandslos an alles anpassen, was die industrielle Arbeitswelt und der Arbeitsmarkt vorgeben, und wenn man bei der Gestaltung von Arbeitswelt und Arbeitsmarkt davon ausgeht, was die Menschen brauchen und wollen, wird man feststellen, daß dies für *beide* Seiten große Vorteile mit sich bringt. Anders gesagt – in einer vielleicht etwas überholten Sprache: Man kann nicht erwarten, daß das Verhältnis von Kapital und Arbeit aufgeht, wenn man es einseitig von der Kapital- und Marktseite her (oder einseitig von der Arbeitnehmerseite her) zu bestimmen gedenkt. Synergie kann es nur bei einer durchlässigen wechselseitigen Bezogenheit geben. Doch der Dreh- und Angelpunkt dieser Wechselseitigkeit liegt in einem menschenwürdigen und sinnerfüllten Dasein und damit im Vorrang der »Arbeit« des Menschen gegenüber den »Kapital«-Bewegungen des Systems.

Dieser differenzierte und ausgewogene Standpunkt hat eine lange und solide Tradition: die Tradition der christlichen Soziallehre. Sie läßt sich sogar bis zu den Benediktinern und ihrem Wahlspruch »ora et labora« (»bete und arbeite«) zurückverfolgen. Darin steckt, wie wir heute sagen würden, ein gesellschaftspolitisches Programm. Alle Bemühungen haben *ein* Ziel, wie O. v. Nell-Breuning schreibt, nämlich die »Vermenschlichung der Arbeitswelt« und *eine* Grundannahme als Ausgangspunkt, nämlich daß der innere und der äußere Mensch zusammengehören.[1] Das äußere Leben ist geprägt von Arbeit, vom aktiven Tätigsein, Werktag für Werktag, Jahr um Jahr, ein ganzes Leben lang. Ohne Arbeit gibt es kein sinnerfülltes Leben; ebensowenig gibt es in der modernen Wirtschaftsgesellschaft ein sinnerfülltes Leben ohne Erwerbstätigkeit. »Die Arbeit ist es«, so Nell-Breuning weiter, »die den meisten Menschen ihren Platz anweist in der Gesellschaft. Die ganz überwiegende Zahl der Menschen steht als Arbeitnehmer in unselbständiger Erwerbstätigkeit. ... Unsere heutige Gesellschaft ist eindeutig von der Arbeit geprägt«[2].

[1] Oswald von Nell-Breuning, *Der Mensch in der heutigen Wirtschaftsgesellschaft*, München (Olzog) 1975, 56.
[2] Ebda., 57.

Der Irrglaube an ein garantiertes Grundeinkommen

Die Erwerbstätigkeit wird ihren zentralen Stellenwert im menschlichen Leben behalten. Dies ist auch wünschenswert im Interesse der Selbstverwirklichung und Selbstachtung des Menschen. Beruf und Erwerbsarbeit besitzen eine so große Bedeutung für die Menschen, weil sie nicht nur dem Broterwerb dienen, sondern mehr noch einen wichtigen Bereich der Selbstverwirklichung des Menschen darstellen, seiner personalen Freiheit, seiner Eigenständigkeit und Unabhängigkeit. Arbeit ist wichtig für die Gesellschaft wegen ihrer Produktivität, die allen nützt. Arbeit ist ebenso wichtig für die Person wegen ihrer befreienden emanzipatorischen Wirkung und wegen des an die Leistung der einzelnen Person gebundenen Erwerbseinkommens. Nur so ist eine Gesellschaft möglich, in der Geburt und Herkunft kein unentrinnbares Schicksal sind, sondern in der man die Chance hat, durch Eigenleistungen für die Gesellschaft etwas aus sich zu machen.

Rundheraus ablehnen muß man aus diesen Gründen die in den letzten Jahren da und dort zirkulierenden Ideen, aus der Erwerbstätigkeit auszusteigen und jedem, der dies möchte, ein garantiertes Grundeinkommen aus staatlichen Mitteln zu bezahlen. Das garantierte Grundeinkommen für alle, Grundeinkommen ohne Arbeit, ist eine sozialpolitische Fata Morgana. Gesellschaftlich gesehen muß ein garantiertes Grundeinkommen, das den Leistungsanreiz allgemein schwächt, die Tragödie der Solidargemeinschaft verschärfen. Aber auch persönlich gesehen würde es abhängig machen statt zu befreien. Ein vorschneller Ersatz der Leistungsgerechtigkeit durch grundloses oder gar barmherziges Schenken muß das Selbstwertgefühl der Empfänger schädigen.

Die Leistungsgerechtigkeit ist eine Stütze des aufrechten Gangs. So lange sich soziale Probleme durch Leistungsansprüche lösen lassen, sollte keine Politik der Bedürftigkeit gemacht werden. Staatliche Zuteilung macht abhängig vom Gutdünken des Staates. Die Vertreter des garantierten Grundeinkommens scheinen der Gefahr des allmächtigen Leviathan gegenüber blind zu sein, obwohl sie zur gleichen Zeit den »Atomstaat« oder »1984« fürchten. Zudem befindet sich ein garantiertes Grundeinkommen immer in einem unaufhebbaren Dilemma. Entweder das Einkommen wird so niedrig angesetzt, daß es den Anspruch auf eine humane und menschenwürdige Lebensführung kaum noch einlösen kann. Dann ist das garantierte Einkommen nur eine weitere Variante der Armen- und Sozialhilfe. Oder aber das garantierte Einkommen wird so hoch festgesetzt, daß dies für die Gesellschaft sehr teuer wird. Dann sinkt die Arbeitsbereitschaft unter das Niveau, das nötig ist, um die erforderlichen Steuern überhaupt aufzubringen, aus denen das garantierte Einkommen gezahlt werden soll.

Der Weg, das Einkommen von der Arbeitsleistung generell abzukoppeln, entpuppt sich als resignative Ausflucht von Leuten, die aus der Not der Arbeitslosigkeit eine ungute Tugend machen möchten. Dieser Weg ist ein Irrweg. Die richtige Antwort ist, dafür zu sorgen, daß es jedem möglich ist, einer Erwerbstätigkeit nachzugehen. Wir dürfen die Tendenzen in Richtung Zwei-Drittel-Gesellschaft – die Spaltung der Gesellschaft in eine Mehrheit, die einer Erwerbstätigkeit nachgeht, und einer Minderheit von Arbeitslosen und Sozialhilfeempfängern – nicht auch noch zementieren. Es gibt ein Freiheitsrecht auf Arbeit. Dieses Freiheitsrecht darf nicht durch ein garantiertes Grundeinkommen auf Sozialhilfeniveau abgekauft werden, sowenig wie durch die Arbeitslosenunterstützung.

Es gibt genügend Arbeit. Sie muß nur in den richtigen Bereichen und in der richtigen Form angeboten werden.

Arbeit ist nicht nur Erwerbsarbeit

Der Vorrang, den die christliche Soziallehre der »Arbeit« gegenüber dem »Kapital« einräumt, würde mißverstanden, wenn man die Sache so hindrehte, als sei Lohnarbeit das wichtigste im Leben. Auch wenn der Erwerbstätigkeit ein sehr wichtiger und ganz zentraler Stellenwert eingeräumt werden muß, so ist es dieser Stellenwert doch nicht allein. Arbeit im Erwerbsleben umfaßt noch nicht die ganze Arbeit, sowenig Erfüllung im Beruf schon ein erfülltes Leben bedeutet. Neuerdings wird viel darüber nachgedacht, wie man »den Arbeitsbegriff neu definieren« müßte, um ihn »weiterzufassen«. Das klingt ein wenig nebulös, und es suggeriert etwas ganz Unmögliches. Man kann gesellschaftliche Sachverhalte, zumal so zentrale wie die Arbeit, nicht einfach willkürlich »neu definieren«.

Was aber hier erneut ins Bewußtsein dringt, ist eine uralte Tatsache, die in der christlichen Soziallehre immer lebendig geblieben ist, auch zu Zeiten, in denen es nicht opportun war, von »anderen Formen der Arbeit« zu sprechen. Nicht nur, daß es zusammen mit dem »äußeren« auch ein »inneres« Leben, eine geistig-seelische Selbstentfaltung gibt. Schon das »äußere« Leben, die Arbeit, erschöpft sich nicht in der 40-Stunden-Woche am Arbeitsplatz. Arbeit ist mehr als Lohnarbeit. Auch die Arbeit hat zwei Gesichter.[1] Person, Familie und Gemeinschaft haben ihrerseits ein »äußeres« Leben, das von Arbeit getragen wird, von Arbeit in jenem umfassenden Sinn, wie die christliche Soziallehre sie versteht – als aktives Tätigsein zu praktischen Zwecken im Rahmen und im Dienste der Gemeinschaft. Hier tritt neben die Lohnarbeit die Hausarbeit, die Nachbarschaftshilfe und das Heimwerken, Ehrenämter in der Freizeit, und eben nicht zuletzt die »Sozialarbeit«, die

[1] Joseph Huber, *Die zwei Gesichter der Arbeit. Ungenutzte Möglichkeiten der Dualwirtschaft*, Frankfurt 1984

Tätigkeit in der Sozialzeit. Neuerdings nennt man letztere unter speziellen Gesichtspunkten auch Erziehungsarbeit, Betreuungsarbeit, Pflegearbeit, Beziehungsarbeit u. a. Womöglich sind diese Ausdrücke etwas zu sehr dem Laborismus des 19. Jahrhunderts verhaftet. Vielleicht wäre es doch besser, wie bisher von Tätigkeiten zu sprechen. Die Industriegesellschaft ist schließlich kein globales Arbeitslager. Wenn jedenfalls die christliche Soziallehre davon spricht, daß die Arbeit der Dreh- und Angelpunkt der sozialen Frage ist, dann ist dies nicht im engen Sinn des 19. Jahrhunderts und der bloßen Lohnarbeit gemeint, sondern in jenem weiteren Sinn, der auch die anderen Formen der Arbeit mit einschließt.

Das Arbeitsverständnis der modernen Industriegesellschaften ist immer noch zu einseitig auf Erwerbsarbeit reduziert. Jedoch sind die anderen Formen der Arbeit oder des Tätigseins für unsere Gesellschaft genauso unverzichtbar. Sie genießen dennoch wenig Anerkennung und führen ein Schattendasein im Bewußtsein der Öffentlichkeit. Eine Aufwertung der Arbeit, die nicht als Erwerbsarbeit geleistet wird, ist dringend notwendig. Diese Aufwertung muß ideell, sie muß aber auch materiell erfolgen.

Berliner Modell: Pflegerente

Es fehlt bislang an materiellen Erleichterungen für ehrenamtliche Pflegepersonen, die bereit sind, die enormen Belastungen der häuslichen Pflege auf sich zu nehmen. Die meisten Schwerstpflegebedürftigen möchten in der eigenen Wohnung bleiben und nicht im Heim gepflegt werden. Sie bedürfen allerdings wegen ihrer besonderen Hilflosigkeit der ständigen Hilfe und intensiven Pflege. Es müssen alle Möglichkeiten ausgeschöpft und auch Anreize und Ausgleichsleistungen zur Verfügung gestellt werden, um mehr unentgeltlich tätig werdende Pflegekräfte für die häusliche Pflege zu gewinnen und um die bereits tätigen Pflegepersonen »bei der Stange zu halten«. Deren Problem ist oft das eigene Alter, in dem sie dann ohne ausreichende soziale Sicherung sind. Denn nur aus Arbeit, die als Erwerbsarbeit getan wird, fließen Rentenanwartschaften und -ansprüche.

Ich habe dafür gesorgt, daß in Berlin seit Januar 1989 Familienangehörigen und anderen ehrenamtlichen Pflegepersonen von Schwerstpflegebedürftigen Beiträge zur Rentenversicherung erstattet werden. Am 13. September 1988 hat der Berliner Senat eine Novellierung des Berliner »Gesetzes über Pflegeleistungen« beschlossen, das die soziale Absicherung von Pflegepersonen auf Landesebene regelt. Im Interesse des Vorranges der häuslichen Pflege erhalten Personen, die unentgeltlich schwerstpflegebedürftige Hilflose betreuen und deshalb keine Erwerbstätigkeit ausüben und die unter 65 Jahre sind, freiwillige Beiträge *zur gesetzlichen Rentenversicherung* oder *Beiträge zu einer privaten Lebensversicherung* erstattet. Diese Beiträge liegen zur Zeit bei 542 DM monatlich. Dabei wird das Gehalt einer Krankenpflegekraft zugrunde gelegt. Diese Einzahlung entspricht einem Rentenanspruch von 33,40 DM monatlich pro Pflegejahr. Voraussetzung für die Erstattung der Beiträge durch die öffentliche Hand ist auch, daß der zu pflegende Hilflose Pflegegeld der Stufen IV bis VI erhält. Diese Initiative soll einmal Anreiz sein. Zugleich soll sie verhindern, daß langjährig ehrenamtlich und aufopfernd tätig gewesene Pflegepersonen später im Alter infolge nicht ausreichender Rentenleistungen die Sozialhilfe in Anspruch nehmen müssen.

Nach derzeitigen Schätzungen werden rund 1100 Menschen Ansprüche nach dem novellierten Landesgesetz anmelden können. Die entstehenden Kosten (möglicherweise bis zu 2 Mio. DM pro Jahr) müssen gegengerechnet werden mit der Kostenersparnis, die durch die unentgeltliche Pflege zu Hause im Vergleich zu einer teuren Heimpflege verursacht wird, zur

Zeit sind dies mindestens 2000 DM pro Pflegebedürftigem im Monat. Es ist gut zu wissen, daß für diese Regelung sowohl der *Grundsatz der Humanität* als auch der *Grundsatz der Ökonomie* gleichermaßen sprechen. Die Berliner landespolitische Regelung ist ein *Beitrag zur Anerkennung auch der Nichterwerbsarbeit im System sozialer Sicherung.*

Im Gesetz zur Strukturreform im Gesundheitswesen haben solche Überlegungen Eingang gefunden. Dort wird erstmalig häusliche Pflegehilfe in den Leistungskatalog der gesetzlichen Krankenversicherung aufgenommen; damit wird eine Entlastung des stationären Bereiches sichergestellt. Es konnte auch erreicht werden, daß die vorgesehenen Leistungen bei Schwerstpflegebedürftigkeit in einem Umfang gewährt werden, der eine spürbare Hilfe für die Betroffenen darstellt. Dies ist aber nur ein Einstieg. Hier wird eine wichtige Aufgabe auch für die Zukunft liegen.

Neuverteilung zwischen Erwerbsarbeit und Nichterwerbsarbeit als Beitrag einer aktiven Arbeitsmarktpolitik

Die Probleme der Arbeitswelt und des Arbeitsmarktes sind offenbar sehr vielschichtig. Wer den Eindruck erweckt, es gäbe irgendwelche Patentrezepte zur Überwindung der Arbeitslosigkeit, der ist nicht ernst zu nehmen. Einen Königsweg zur Vollbeschäftigung gibt es nicht. Der Vollbeschäftigungsgipfel, um im Bild zu bleiben, wird wohl nur über einer Mehrzahl von schmalen, steilen und gewundenen Gebirgspfaden zu erreichen sein.

Man meint heute vielfach, die Arbeitslosigkeit sei durch neue Techniken verursacht. Stichwort: Der Chip als Jobkiller. Dies trifft, von Einzelfällen abgesehen, im großen und ganzen nicht zu. Wir kommen im Kapitel über die sozialen Fragen der Technik und der Modernisierung darauf zurück. In Wirklichkeit ist die Arbeitslosigkeit im wesentlichen bedingt durch beträchtliche demographische Verschiebungen und gesellschaftliche Verhaltensänderungen bei einer gleichzeitig eher stagnierenden als expandierenden Gesamtentwicklung der Wirtschaft. Zu den wichtigsten Veränderungen in der Zusammensetzung der Erwerbsbevölkerung gehört der langfristig und stetig wachsende Zustrom der Frauen auf den Arbeitsmarkt. Daneben spielte bisher noch eine Rolle, daß meist mehr Junge nachströmten als Alte in Rente gingen. Auch eine gewisse Zahl von auswärtigen und ausländischen Arbeitskräften, die man in Zeiten der Hyperkonjunktur heranholte, vergrößerten das Heer der Überzähligen.

Als Reaktion auf diese Sachlage war und bleibt es zunächst einmal richtig, die wirtschaftliche Dynamik und ihre technischen Innovationsgrundlagen neu zu beleben – allerdings nicht um jeden Preis, sondern auf eine Art und Weise, die sich mit den Belangen der Umwelt und des sozialen Lebens verträgt. Dies ist vor allem Aufgabe der Wirtschafts-, Finanz- und Tarifpolitik. Sie werden hier vorausgesetzt. Von ihnen hängt ab, welches Volumen an Erwerbsarbeitszeit überhaupt vorhanden ist und am Arbeitsmarkt angeboten werden kann, um die Nachfrage nach Arbeitsplätzen zu decken.

Damit sollen die Parteien und der Staat freilich nicht aus ihrer Mitverantwortung entlassen werden. Eine aktive Arbeitsmarktpolitik bleibt möglich und muß im Rahmen ihrer Möglichkeiten genutzt werden. Man kann nicht ständig nur die Selbstheilungskräfte des Marktes beschwören, unbeeindruckt von der Tatsache, daß wir nun schon seit über zehn Jahren Arbeitslosigkeit in Millionenhöhe haben. In der sozialen Marktwirtschaft ist der Staat nicht der Nachtwächter des Marktes. Vielmehr hat der Staat einen ausdrücklichen Ordnungs- und Gestaltungsauftrag. Öffentliche Investitionen sind etwas

Nützliches, vom Umweltschutz bis zur Sanierung der Betonsilos in den Trabantenstädten.

Auch wenn man diesen Standpunkt teilt, bleibt häufig der Einwand, der Staat sei überschuldet und habe kein Geld mehr für öffentliche Investitionen.

Diese Meinung ist im Rahmen einer ganz gesunden Wirtschaft wie in der Bundesrepublik und Westeuropa recht zweifelhaft. Unser Staat schuldet das Geld und die Zinsen dafür schließlich nicht irgendwem. Es ist überwiegend unser eigenes Geld, und es wird überwiegend für unsere Zwecke ausgegeben. Dies gilt um so mehr, als Geld in Investitionen, im Unterschied zu Subventionen, immer gut angelegt ist. Vor allem aber soll man nicht ständig unterschlagen, daß die Arbeitslosigkeit selbst Unsummen verschlingt.

Das mindeste, was man erwarten kann, ist, daß Bund, Länder und Gemeinden längerfristig ohnedies geplante Investitionen vorziehen. Jetzt, wo viele Kapazitäten brachliegen, kann man Investitionen zu einem guten Preis tätigen. Den Ausgaben heute stehen ersparte teurere Ausgaben morgen plus ersparten Arbeitslosigkeitskosten gegenüber. Gewiß sind das teilweise verschiedene Kassen. Aber die Solidarität mit den Arbeitslosen und das wohlverstandene Eigeninteresse der öffentlichen Hand darf nicht an getrennten Kassen scheitern.

Wir brauchen deshalb eine gemeinsame und abgestimmte Aktion von Bund, Ländern und Gemeinden. Hier muß sich beweisen, ob Solidarität im föderativen und sozialen Rechtsstaat noch etwas bedeutet, oder ob dieser Begriff für die meisten Beteiligten zu einer leeren rituellen Floskel verkommen ist. Wie solch ein Programm aussehen kann, haben wir in Berlin ausprobiert.

Berliner Modell: Das Stufenprogramm

Seit 1983 habe ich in Berlin ein *Stufenprogramm* durchgeführt, das *arbeitslosen Sozialhilfeempfängern neue Arbeitsgelegenheiten* eröffnet und die Rückkehr in das Berufsleben ermöglichen soll.

Dieses Stufenprogramm besteht aus:
- gemeinnütziger Arbeit für Sozialhilfeempfänger,
- sozialversicherungspflichtigen Beschäftigungsverhältnissen (dazu gehört das sogenannte 500er Programm, 500 ABM-Stellen und 500 sozialversicherungspflichtige Beschäftigungsverhältnisse),
- dem 501er Programm.

Gemeinnützige Arbeit für Sozialhilfempfänger
Arbeitslose Sozialhilfeempfänger haben den Kontakt zur Arbeitswelt durch lange Arbeitslosigkeit oft völlig verloren. Beschäftigungspolitische Programme sind hier sinnvoll und hilfreich, sie dienen als Training der Arbeitsfähigkeit.

Das Berliner *Programm über die Heranziehung von Sozialhilfeempfängern zur gemeinnützigen und zusätzlichen Arbeit* (gzA) gibt es seit 1983. Von Juli 1983 bis einschließlich Juli 1988 haben auf rund 1800 Arbeitsstellen bei den Berliner Bezirken und Senatsverwaltungen sowie bei den Verbänden der freien Wohlfahrtspflege rund 88 000 Sozialhilfeempfänger (davon einige mehrfach) in diesem Programm zusätzliche und gemeinnützige Arbeit leisten können. Dieses Schwerpunktprogramm wird weitergeführt und ausgebaut, damit für viele Sozialhilfeempfänger ein Hilfsangebot gemacht werden kann. Wer allerdings ohne triftigen Grund diese Arbeiten ablehnt, der muß mit einer Kürzung der Sozialhilfe rechnen (während der fünfjährigen Laufzeit des Programms ist das in ca. 3500 Fällen vorgekommen) oder mit Streichungen (im selben Zeitraum gab es Streichungen in ca. 2000 Fällen). Die Erfahrung hat auch gelehrt, daß es Sozialhilfeempfänger gibt, die auf weitere Sozialhilfe verzichten, wenn von ihnen verlangt wird, daß sie gemeinnützige Arbeit verrichten (rund 4500 Fälle in diesem Zeitraum). Sie können offensichtlich ihren Lebensunterhalt auch ohne Sozialhilfe bestreiten. Wieviele Leute wegen der Aussicht, eventuell gemeinnützige Arbeit verrichten zu müssen, Sozialhilfeleistungen erst gar nicht beantragen, läßt sich natürlich nicht feststellen. Es sind aber faktische Einsparungen in Millionenhöhe möglich geworden, dadurch, daß jene, die nicht wirklich bedürftig sind, Zahlungen nicht mehr erhielten. Den in den letzten fünf Jahren gezahlten Mehraufwandsentschädigungen für die gemeinnützige und zusätzliche Arbeit in Höhe von rund 9,6 Mio. DM (bezahlt wird 3 DM pro Stunde) stehen Ausgabenentlastungen an laufender Sozialhilfe infolge von Kürzungen und Versagungen schätzungsweise in Höhe von 13,5 Mio. DM gegenüber.

Sozialversicherungspflichtige Beschäftigungsverhältnisse
Arbeitslose Sozialhilfeempfänger können auch in *sozialversicherungspflichtige Beschäftigungsverhältnisse* vermittelt werden, dies ist die 2. Stufe des Programms zur Wiedereingliederung. Seit 1984 hat der Senat den Bezirken die Möglichkeit eingeräumt, mit Sozialhilfeempfängern, die sich bei der gemeinnützigen Arbeit bewährt haben, sozialversicherungspflichtige Arbeitsverträge abzuschließen. Damit wird diesen Menschen eine wirkungsvolle Hilfe bei der Wiedereingliederung in den Arbeitsmarkt gegeben. Außerdem erwerben sie wieder Ansprüche auf Arbeitslosengeld oder Arbeitslosenhilfe nach dem Arbeitsförderungsgesetz. Von der Möglichkeit, *sozialversicherungspflichtige Arbeitsverträge* mit ihren Hilfeempfängern abzuschließen, haben die Bezirksämter von Jahr zu Jahr mehr Gebrauch gemacht: In 1984 gab es 15 Arbeitsverträge, aber schon 63 Arbeitsverträge im Jahr 1985, 1986 waren es 130 und 1987 155 Arbeitsverträge bei den Bezirken.

500 ABM-Stellen und 500 sozialversicherungspflichtige Beschäftigungsverhältnisse: Aufgrund der positiven Erfahrungen hatte der Senat 1987 ein einmaliges *Programm zur Beschäftigung von 1000 arbeitslosen Sozialhilfeempfängern* beschlossen. Dieses Programm ist Teil einer ressortübergreifenden Konzeption des Senators für Gesundheit und Soziales und des Senators für Wirtschaft und Arbeit sowie des Landesarbeitsamtes Berlin. Als Zielgruppen wurden in dieses Programm einbezogen: Langzeitarbeitslose, alleinerziehende Frauen, Jugendliche, junge Erwachsene mit besonderen Schwierigkeiten (z. B. Haftentlassene) sowie ältere Personen. Die Tätigkeitsfelder lagen insbesondere im Bereich »Büro«, »allgemeine Innenarbeiten«, »Krankenhäuser und Seniorenheime«. Mit diesen Maßnahmen ist eine wichtige Grundlage geschaffen worden, Sozialhilfeempfänger dauerhaft zu stabilisieren und ihre Chance auf dem allgemeinen Arbeitsmarkt zu verbessern.

Das 501er Programm

Bestehende arbeitsmarkt- und sozialpolitische Instrumente müssen noch besser miteinander kombiniert und offensiver genutzt werden. Mit Phantasie und Kreativität sollen neue Wege und alternative Problemlösungen gefunden werden.

Eine neue Initiative habe ich 1988 mit dem *Programm für arbeitslose junge Erwachsene (501-Programm)* beschritten. Es wendet sich vorrangig an arbeitslose Jugendliche und junge Erwachsene (im Alter bis zu 25 Jahren) aus innerstädtischen Problemgebieten, insbesondere aus *Kreuzberg*, die sich wegen ungelöster persönlicher Probleme und Arbeitslosigkeit in auswegloser Situation glauben. Manche junge Arbeitslose, die auf dem regulären Arbeitsmarkt schwer zu vermitteln sind, entwickeln eine bemerkenswerte Kreativität und oft originelle Ideen über das, was sie gern tun möchten. Es fehlt aber meist an Rat und Hilfe, solche Ideen in die Tat umzusetzen. Grundgedanke des sogenannten 501er Programms ist es, die Kreativität dieser jungen Menschen zu nutzen und ihnen bei der Suche nach einer sinnvollen Beschäftigung zu helfen. Deshalb kann ihnen der Einstieg in ein Beschäftigungsverhältnis ermöglicht werden, das sie sich selbst ausgesucht haben. Dafür übernimmt die öffentliche Hand für bis zu drei Jahre die Lohnkosten. 501 arbeitslose junge Menschen – auf diesen Umfang ist das Programm ausgelegt – sollen Arbeitsplätze finden, die sich soweit wie möglich mit ihren Interessen und Wünschen decken. Begleitend zu dieser Beschäftigung besteht ein Betreuungs- und Beratungsangebot. Abwicklung und Zugang zu diesem Programm sind einfach und unbürokratisch gestaltet.

Es ist einfach widersinnig, ausgerechnet in Zeiten hoher Arbeitslosigkeit einem Null-Stellenplan zu folgen. Dies gilt in sinngemäßer Weise auch für neue Stellen im öffentlichen Dienst. Es *gibt* einen großen zusätzlichen Stellenbedarf in Bereichen wie Bildung, Medien, Gesundheit, Soziales – und das im öffentlichen Dienst der Kommunen und des Staates ebenso wie im quasi öffentlichen Dienst der Kirchen und Wohlfahrtsverbände. Die Dienstleistungslücke ist schon sprichwörtlich geworden. Die genannten Träger können noch viel dringend benötigtes Personal sinnvoll einsetzen. Kaum jemand weiß, daß heute zum Beispiel allein bei der Caritas mehr Menschen beschäftigt sind als beim Siemens-Konzern, dem größten industriellen Arbeitgeber in der Bundesrepublik. Siemens sieht man, weil der Konzern an seinen zentralen Standorten groß herausragt; die größere Caritas übersieht man leicht, weil sie dezentral und im kleinen überall da ist. Soziale Dienste müssen kleinräumig vor Ort angeboten werden. Am besten werden sie subsidiär, kleinstationär, ambulant und intermediär organisiert. Der Dienst am Menschen muß anders organisiert sein als die Wartung von Sachen. Mit einem gelegentlichen »Kundendienst« kann Betroffenen nicht geholfen werden. Deshalb braucht es hier noch viel Personal.

Man darf hierbei allerdings auch keine falschen Tabus errichten. Jeder, der die Dinge aus der Nähe kennt, weiß, daß das eigentliche Problem der Beschäftigung im öffentlichen Dienst nicht so sehr in der Beschäftigung von Personal als solcher liegt, als vielmehr darin, daß die Haushalte, die damit begründet werden, sich ausgesprochen starr und wenig anpassungsfähig verhalten, und daß sie den Beschäftigten, auch wenn sie nicht Beamte sind, einen vergleichsweise privilegierten, quasibeamteten Status verleihen, der auf Bedarfsveränderungen nur schwer reagiert. *Hierüber* muß nachgedacht werden, nicht über Null-Stellenpläne. Man kann nicht ein Fünftel bis ein Viertel, vielleicht sogar ein Drittel der ganz normal Beschäftigten mit einem privilegierten Status ausstatten, der ursprünglich einmal einem sehr kleinen Kreis von Trägern staatlicher Hoheitsfunktionen zugedacht war, um sich deren Loyalität zu sichern.

Nach dem Beitrag einer aktiven Arbeitsmarktpolitik zur Bereitstellung eines möglichst großen Volumens an Arbeit, besteht die nächst folgende Dimension der Arbeitsmarkt- und Beschäftigungspolitik dann in der Verteilung des vorhandenen Volumens an Arbeitszeit. Hier kommt neben der Einkommenspolitik insbesondere die Arbeitszeitpolitik zum Zuge. Es ist hierbei wichtig, sich klarzumachen, daß der Spielraum der Arbeitszeitpolitik *von zwei Seiten her* bestimmt wird: nämlich nicht nur von den Entwicklungen im Wirtschafts- und Erwerbsleben, sondern auch davon – dies wird heute praktisch völlig verkannt –, wie sich die alltägliche Lebensweise der Menschen entwickelt, von dem, was in der Familie und im privaten Haushalt, im Verhältnis der Geschlechter und der Generationen vor sich geht.

Wenn, unter sonst gleichbleibenden Bedingungen, immer mehr Frauen Vollzeit-Arbeitsplätze suchen, während die Männer ihre schon vorhandenen Vollzeit-Arbeitsplätze unverändert weiterbesetzen, dann kann dies nur ein Überangebot und einen äußerst verschärften Konkurrenzkampf am Arbeitsmarkt zur Folge haben. Anders sähe es aus, wenn die Männer einen Teil ihrer Lohnarbeitszeit in Sozialzeit, Eigenarbeitszeit und Freizeit umwandeln würden. Noch anders sähe es aus, wenn Männer wie Frauen mehrheitlich nur noch Teilzeit arbeiten würden. Dies sind strategische Planvarianten, um deutlich zu machen, in welcher Richtung noch Beschäftigungs-Potentiale liegen, die bisher noch nicht systematisch realisiert werden. Diese neue Perspektive kann und soll die schon vorhandenen nicht ersetzen. Sie ist ein zusätzliches Element, das diese erweitert und ergänzt.

In der Praxis spielen hierbei eine ganze Reihe von Randbedingungen eine Rolle. So sind Männer und Frauen zum Beispiel ungleichartig qualifiziert. Obwohl die geschlechtsspezifischen Berufswahlen sich etwas gelockert haben, bestehen sie in ausgeprägter Weise fort. Technische Berufe zum Beispiel sind nach wie vor Männersache, soziale Berufe mehr denn je Frauensache. Noch so viele Bildungs- und Umschulungsangebote haben daran bisher nichts geändert. Technische Berufe aber sind vor allem im produzierenden Gewerbe, in der Industrie gefragt, während soziale Berufe zu einem großen Teil im öffentlichen Sektor angesiedelt sind – im Gesundheitswesen, im Schulwesen, in der Familien- und Gemeinwesenarbeit, bei den Kirchen, Wohlfahrtsverbänden usw. Die Investitionskosten pro Arbeitsplatz sind in der Industrie sehr hoch. Sie liegen in sechsstelligen Größenordnungen. Würde an solchen Arbeitsplätzen nur vier oder sechs Stunden täglich gearbeitet, wären die Betriebe bald Pleite, weil die Anlagen sich nicht amortisieren können. Gleiches gilt für die knappen technischen Spezialqualifikationen der Arbeitskräfte. Auch volkswirtschaftlich gesehen, also unter dem Aspekt der Volkswohlfahrt, wäre es nachgerade unverantwortlich, sie nur vier Stunden täglich in Anspruch zu nehmen. Im öffentlichen Dienst ist diese Problematik nicht ganz so ausgeprägt, aber auch hier sind die Arbeitsplatzinvestitionen hoch. Man konnte dies, vor dem Hintergrund der fiskalischen und parafiskalischen Abgabenmonopole, bisher verdrängen. Aber der öffentliche Dienst hat allmählich eine Größenordnung erreicht, die dies nicht länger erlaubt, einmal abgesehen von den Grenzen der Abgabenbereitschaft, die erreicht sind.

Die Tatsachen des Arbeitsmarktes sprechen eindeutig zugunsten der hier vorgebrachten Perspektive. Zwar klagen die Frauenvertreterinnen weiterhin über die Benachteiligung ihrer Kolleginnen am Arbeitsmarkt. Relativ mehr Frauen als Männer sind arbeitslos gemeldet. Im Beruf verdienen sie im Durchschnitt immer noch weniger und sind rangniedriger beschäftigt als die Männer. Zugleich aber signalisiert der Arbeitsmarkt deutliche Trendverbesserungen zugunsten der Frauen. In den Vereinigten Staaten zum Beispiel fielen 73 Prozent der in den 80er Jahren neu geschaffenen Stellen auf Frauen. In den sechs anderen der sieben großen OECD-Länder ist die Frauenbeschäftigung in diesem Zeitraum um 7 Prozent gewachsen, während die Männerbeschäftigung um 2 Prozent zurückging.

Zum Teil verdanken die Frauen diesen Zuwachs weiterhin der Ausdehnung öffentlicher Dienste. In Skandinavien zum Beispiel sind inzwischen sieben von zehn öffentlich Beschäftigten Frauen. Darüber hinaus spielen die sonstigen Dienstleistungen eine Rolle. In der Gastronomie, der Hotellerie oder in Reisebüros zum Beispiel tun viele Frauen nun für Lohn, was sie zuvor zu Hause umsonst verrichteten. Und sowohl die öffentlichen wie die privaten Dienstleistungen unterscheiden sich vom produzierenden Gewerbe unter anderem dadurch, daß es bei ihnen einen gewissen und durchaus wachsenden Anteil von Teilzeitarbeitsplätzen gibt. Frauen, anders als Männer, sind insofern »flexibler«, als die meisten von ihnen nicht eingleisig in den Kategorien beruflicher Karriere denken, sondern zweigleisig – in Kategorien des Verhältnisses von Beruf und Familie. Sie haben viel Arbeit, nicht so viel Freizeit, und die Arbeitszeit besteht für immer mehr von ihnen aus Erwerbsarbeit *und* Hausarbeit *und* Sozialzeit. Deshalb beträgt der ideale Arbeitstag für berufstätige Mütter fünf bis sechs Stunden. Und deshalb werden sie ihre Position am Arbeitsmarkt weiter verbessern, vielleicht langsamer als manchen Frauenvertreterinnen lieb ist, aber dafür um so stetiger und unaufhaltsamer.

Man muß realistischerweise sehen, daß die Männer sich nicht in dem Maße der Hausarbeit und Sozialzeit zuwenden wie die Frauen der Erwerbstätigkeit. Die gewerblichen Arbeitsbedingungen erlauben dies bisher auch nur ausnahmsweise. Dennoch kann man feststellen, daß sich zwischen dem Status quo der Arbeitswelt und den Arbeitszeitvorstellungen der erwerbstätigen Männer und Frauen eine wachsende Kluft auftut. Umfragen zeigen, daß sich immer mehr Männer im Erwerbsleben zeitlich überbeansprucht fühlen, während die vielen stellungslosen Frauen sozusagen »unterbeansprucht« sind. Zunehmend mehr Männer wie Frauen wollen heraus aus der Vollzeitarbeit, und zwar nicht nur, um mehr Freizeit für sich zu haben, sondern auch, um ihren Aufgaben in der Familie und Partnerschaft besser gerecht zu werden. In dem Maße, wie man diesem Interesse Raum gibt, wird sich das vorhandene Arbeitszeitvolumen auf mehr Köpfe verteilen. Die Arbeitslosigkeit wird entsprechend zurückgehen. Man soll die Leute so arbeiten lassen, wie sie leben wollen, und wie es dem Zusammenhalt der Gemeinschaft guttut – und man wird sehen, daß sich am Arbeitsmarkt vieles wie von alleine einrenkt.

Flankierend bietet es sich an, Maßnahmen zur besseren Vereinbarkeit von Familie und Beruf weiter auszubauen. Unumgänglich wird deshalb die Ermöglichung einer größeren Formenvielfalt in der Arbeitswelt. Eine Renaissance der »Humanisierung der Arbeit« muß dieses Mal vor allem erweiterte Handlungsspielräume der Beschäftigten am Arbeitsplatz und im Betrieb in den Mittelpunkt stellen und damit verbunden die Vereinbarkeit von Familie und Beruf oder, allgemeiner gesagt, die Vereinbarkeit von beruflichem und sozialem Engagement. So ist beispielsweise die soziale Absicherung der Teilzeitarbeit an und für sich nicht mehr strittig. Sie muß aber noch in voller Konsequenz in die Praxis umgesetzt werden. Der öffentliche Dienst hat im Hinblick auf mütterfreundliche Beschäftigungsformen nolens volens eine Vorreiterfunktion. Dies gilt genauso für Maßnahmen zur Wiedereingliederung von Hausfrauen und Müttern ins Erwerbsleben.

Was für das Verhältnis der Geschlechter stimmt, gilt für ihr Verhältnis zur jüngeren und älteren Generation in sinngemäßer Weise: Wenn Männer wie Frauen im mittleren Lebensabschnitt maximal viel Erwerbsarbeit nachfragen, kann dies unter sonst gleichbleibenden Bedingungen nur dazu führen, daß Junge und Alte aus dem Berufsleben verdrängt werden. Die Schulen und Universitäten werden dann tendenziell zu Parkstationen für daueradoleszente Spätjugendliche, und die Älteren werden in eine absurde Frühvergreisung getrieben. Daß jemand nach Mitte Zwanzig noch als Jugendlicher und ab Mitte Fünfzig praktisch schon als Alter gilt, wobei man in beiden Fällen als nur bedingt verantwortlich behandelt wird, ist eine historisch beispiellose Groteske. Es handelt sich hier um eine doppelt ungeheuerliche Potentialzerstörung. Sie zwingt den Sozialstaat, Unsummen zur Subventionierung dieser Lebensbranchen unproduktiv zu verschleudern, während die produktiven Potentiale der Jungen und Alten ignoriert oder sogar regelrecht unterdrückt und dem Nutzen der Gemeinschaft vorenthalten werden. Auf diese Weise werden nicht nur die unlösbaren Probleme der Sozialversicherung hervorgerufen. Auch unter menschlichen und volkswirtschaftlichen Gesichtspunkten handelt es sich um eine Mißachtung und Mißwirtschaft ohnegleichen.

Die Antwort muß in diesem Fall in die Richtung gehen, die Übergänge von der Schule ins Berufsleben und vom Berufsleben in den Ruhestand noch flexibler und vielfältiger als sie heute bereits sind auszubauen. Die schon vorhandenen Möglichkeiten der flexiblen Altersgrenze durch verschiedene Varianten von Vorruhestandsregelungen müssen erhalten und fortentwickelt werden. Die Normalaltersgrenze wird dabei eher wieder bei 65 als bei 60 liegen müssen. Was auf der anderen Seite den Übergang von der Schule ins Berufsleben betrifft, so wird es darum gehen, die Verbindung von beruflicher Ausbildung und Schule, die Verbindung des Lernens ebenso wie des Geldverdienens mit Berufspraktika, Sozialpraktika, sozialem Jahr u. ä. noch weiter und vielfältiger als heute auszubauen. Auf diese Weise wird erreicht, daß die Zeit der Jugendlichen persönlich und gesellschaftlich besser verteilt wird. Es wird ihnen leichter fallen, den für sie richtigen Beruf zu wählen und leichter Wege und Brücken ins Berufsleben hinüber zu finden. Heute werden sie allzulange unter einer abschirmenden Käseglocke gehalten und dann übergangs- und orientierungslos allzu häufig im Leeren stehengelassen. Vom Berufsleben her betrachtet, muß es künftig für Junge wie Alte generell mehr Möglichkeiten geben, die Arbeitszeit mit anderen Tätigkeiten kurz- und langzeitig zu verknüpfen. Das reicht von einzelnen Verfügungstagen im Rahmen bestimmter Arbeitszeitarrangements über Bildungsurlaube und Sozialpraktika bis zu unbezahlten Freistellungen im Sinne von Sabbatzeiten.

Arbeitszeitverkürzung

Fast alle Vorschläge im Mosaik der bisher schon genannten Maßnahmen sind Vorschläge, die Arbeits*zeit* anders zu gestalten und anders zu verteilen. Man kann mit Fug und Recht sagen, daß der Stellenwert, den in der Zeit des industriellen Aufbaus die Einkommenspolitik besaß, im Zuge des sozialen und ökologischen Umbaus mehr und mehr von der Arbeits*zeit*politik eingenommen wird. Die Einkommenspolitik wird deshalb keine geringere Rolle spielen. Es ist nur so, daß die Einkommenspolitik nunmehr eingebettet ist in den weiteren und gestaltgebenden Kontext der Arbeits*zeit*politik.

Die stärksten Bemühungen galten traditionell immer einer allgemeinen Verkürzung der Arbeitszeit. Der Achtstundentag war *die* historische Forderung und Errungenschaft der Arbeiterbewegung. Mittlerweile aber ist die Ära des industriellen Aufbaus vorüber, und wir leben in einer Zeit des Umbaus. Hier stößt die Forderung nach weiterer Arbeitszeitverkürzung an Grenzen. Sowenig die Staatsquote von zehn auf hundert Prozent steigen kann, sowenig kann die Normalarbeitszeit von vierzehn auf vier Stunden sinken. Es mag sein, daß die Grenzen der Arbeitszeitverkürzung heute noch nicht ganz erreicht sind. Vielleicht liegt die Grenze tatsächlich erst bei 35 Stunden; aber es erscheint schon als recht unwahrscheinlich, daß sie erst bei 30 Stunden erreicht wird.

Es gibt dafür eine ganze Reihe von Gründen. Vom System her gesehen, verhält es sich so, daß auch der Steigerung der Produktivität, die ja die Arbeitszeitverkürzung ermöglicht, gewisse Grenzen gesetzt sind. Es gibt sicherlich noch vieles zu rationalisieren. Aber das Rationalisierungspotential ist begrenzt, und selbst wenn es unbegrenzt wäre, so ist es im Interesse einer humanen Arbeitswelt keineswegs wünschenswert, dieses Potential voll auszuschöpfen. Schon heute sind Intensität und Streß der Arbeit oft unerträglich. Was hätte es für einen Sinn, in kürzester Zeit die ganze Arbeit zu erledigen, wenn uns die maximal verkürzte Arbeitszeit körperlich und seelisch zum Wrack macht? Außerdem liegt der Löwenanteil der Beschäftigung heute und künftig bei den Dienstleistungen. Die Aussichten, deren Produktivität durch Rationalisierungsmaßnahmen zu steigern, sind zwar auch vorhanden, aber weniger günstig als im produzierenden Gewerbe. Außerdem gibt es auch hier menschliche Grenzen der Rationalisierung. Man kann Menschen nicht im Akkord Ferienfahrten genießen, Feste feiern, erziehen und betreuen lassen, jedenfalls nicht, ohne beträchtlichen Schaden für alle Beteiligten anzurichten.

Vor diesem Hintergrund begrenzter Potentiale der Produktivitätssteigerung stoßen immer kürzere Arbeitszeiten auch aus der Sicht der Erwerbstätigen an kritische Grenzen. Die Erwartung, man werde in vier Stunden so viel verdienen können wie in acht, erweist sich als Illusion. Wer spürbar weniger arbeitet, wird spürbar weniger verdienen. Für Menschen in einer partnerschaftlichen Familiengemeinschaft kann die Rechnung weiterhin aufgehen. Mit dem Einkommen des Mannes und der Frau zusammen, auch der Jugendlichen und Alten, sofern sie in der Familie leben und Einkünfte erzielen, kann die Gemeinschaft weiterhin gut auskommen. Für Alleinlebende dagegen kann es schon bald recht kritisch werden. Sie werden sich nach einer Zweitarbeit umsehen und dies nicht nur, weil sie müssen, wie heute in Entwicklungsländern, sondern auch, weil ihnen schlicht die Nicht-Arbeitszeit zu lang wird. Auf diese Weise würden Schwarzarbeit und Untergrundwirtschaft mehr denn je boomen, letztlich zum Schaden aller.

Die Parole »Arbeitszeitverkürzung bei vollem Lohnausgleich« gibt es erst, seit es um die 35-Stunden-Woche geht. Faktisch aber war die ganze Politik der Arbeitszeitverkürzung seit Mitte des 19. Jahrhunderts nie etwas anderes als Arbeitszeitverkürzung bei Verzicht auf sonst mögliche Lohnzuwachsraten. Vielleicht ist das noch bis 35 Stunden möglich. Dies praktisch herauszufinden, ist Sache der Tarifpartner – nicht nur im nationalen, sondern auch im internationalen Zusammenhang. Man kann nicht bei uns 35 Stunden arbeiten, wenn es in den Partnerländern 40–45 Stunden sind. Die Grenzen der linearen Geschichtsfortschreibung sind auch auf dem Gebiet der Einkommens- und Arbeitszeitpolitik in greifbare Nähe gerückt.

Arbeitszeit »à la carte«, Zeitsouveränität für Arbeitnehmer

Wir müssen neue Wege gehen, um die Arbeitszeiten sachgerecht und zweckdienlich umzugestalten. Denn mit den bisher schon erreichten allgemeinen Arbeitszeitverkürzungen wird bereits der Gleichlauf von Arbeitszeit und Betriebszeit aufgelöst. Arbeitszeit und Betriebszeit sind unwiderruflich im Begriff, auseinanderzutreten. Sie werden zwar auch in Zukunft voneinander abhängig bleiben, denn die menschenlose Roboterwirtschaft wird es nie geben. Aber Arbeitszeit und Betriebszeit werden nicht mehr miteinander identisch sein, weder in der Privatwirtschaft, noch im öffentlichen Dienst.

Nachdem sich der Streit um »flexible« Arbeitszeiten während mehrerer Jahre fruchtlos zugespitzt hatte, kam aus der IG Metall die Botschaft, man könne sich auch eine »Tarifpolitik à la carte« vorstellen. Dies ist ein Signal der Hoffnung. Je mehr die Arbeitszeit und die Betriebszeit sich voneinander entkoppeln, um so weniger sind flächendeckende Einheits- und Standardlösungen nach traditionellem Muster noch möglich, und um so mehr wird Einzelfallgerechtigkeit, sicherlich in den Grenzen einheitlicher und allgemein verbindlicher Rahmenbestimmungen, erforderlich. Es gibt eine im einzelnen kaum übersehbare Vielzahl von Möglichkeiten, die Arbeitszeit zu gestalten. Immer geht es darum, die Interessen der Arbeitnehmer und die Interessen des Betriebes aufeinander abzustimmen. Dies ist organisatorisch sicherlich komplizierter als früher, aber es schafft eben auch eine größere Produktivität und Effizienz, eine bessere Person- und Bedürfnisgerechtigkeit und damit mehr Zufriedenheit und Gewinn für beide Seiten.

»Maßarbeit«, Arbeitszeit nach Maß, im Interesse der Arbeitnehmer, ist möglich. Der neue und interessante Entfaltungsspielraum für Arbeitnehmer liegt heute nicht mehr nur darin, in immer kürzerer Zeit immer mehr zu verdienen, sondern mindestens ebenso, über die Verwendung von Geld und Zeit selbstverantwortlich zu disponieren. Zeitsouveränität für Arbeitnehmer – dies ist ein Leitbild, das modernen Mitarbeitern und Mitarbeiterinnen auf den Leib geschneidert ist. Und es dient nicht nur der Humanisierung der Arbeit und der Mitbestimmung am Arbeitsplatz, sondern ebenso dem Arbeitsmarkt und der Überwindung der Arbeitslosigkeit. Denn Zeitsouveränität für Arbeitnehmer bedeutet, daß sich viele Arbeitnehmer für weniger Stunden als den Normalarbeitstag entscheiden. Der Effekt ist eine kleinräumig integrierte und bedürfnisgerechte Verkürzung der individuellen Arbeitszeiten, und somit die organische Verteilung des vorhandenen Arbeitsvolumens auf mehr Arbeitsplätze.

Die Ausdrücke »Flexibilisierung« und »flexible Arbeitszeiten«, auch »variable Arbeitszeiten«, sind leider zu Kampfvokabeln verkommen. Das wäre nicht nötig, denn es sollte sich im Rahmen einer sozialen Marktwirtschaft mit einer bewährten Sozialpartnerschaft eigentlich von selbst verstehen, daß es sich hier nicht um eine Flexibilisierung in einseitigem Interesse handeln kann – etwa im Sinne eines »flexibel« aufgeweichten Kündigungsschutzes für Arbeitnehmer. Dennoch ist es nicht gerechtfertigt, wenn industrielle Traditionalisten hinter größerer Flexibilität oder Variabilität der Arbeitsorganisation immerzu irgend einen Trick wittern, mit dem die privaten oder öffentlichen Arbeitgeber die Arbeitnehmer vermeintlich hereinlegen wollen. Es genügt hier bereits, darauf hinzuweisen, daß gerade die Arbeitgeber die letzten sind, die eine »Arbeitszeit á la carte« von sich aus gutheißen würden. Sie sind mehrheitlich offen dagegen, oder doch sehr defensiv eingestellt. Denn natürlich verursacht eine kompliziertere und aufwendigere Arbeitsorganisation mit mehr Beteiligten auch mehr Komplikationen, Mehraufwand und Mehrkosten. So etwas nimmt niemand ohne Grund auf sich. Die Arbeitgeber sind nur deshalb bereit, in dieser Hinsicht Kompromisse einzugehen, weil es für sie oft der einzige Weg ist, die notwendigen Betriebszeiten zu erzielen, und manchmal auch, um geschätzte Mitarbeiter zu halten.

Die naheliegendste und inzwischen am weitesten verbreitete Variante der »Arbeitszeit á la carte« ist die Teilzeitarbeit in Form der üblichen Halbtagsbeschäftigung. Während in vielen fortgeschrittenen Industriestaaten schon ein Viertel der Arbeitsplätze und mehr auf Teilzeit entfallen, sind es in der Bundesrepublik erst wenig mehr als zwölf Prozent. Wie aus Umfragen hervorgeht, wünschen tatsächlich 30 Prozent der Beschäftigten die Teilzeitvariante. Hier besteht also ein großer Nachholbedarf.

Rein rechnerisch würde eine Ausweitung der Teilzeitarbeit um nur 25 Prozent in der Bundesrepublik etwa 1,5 Millionen neue Beschäftigungsmöglichkeiten eröffnen. Daran wird deutlich, um welches Potential es geht. Bei der Realisierung ist zu bedenken, daß dieses Potential nicht so homogen ist, wie fiktive Modellrechnungen unterstellen. Gerade der Teilzeitmarkt hat seine Besonderheiten. So wenig sachgemäß es in der Regel ist, von »der Wirtschaft« zu sprechen, so wenig sachgerecht sind Maßnahmen, welche »den Arbeitsmarkt« oder »die Arbeitslosigkeit« betreffen. Wir müssen uns schon die Mühe machen, die einzelnen Segmente dieser Bereiche problemgerecht zu erfassen. Was den Teilzeitmarkt betrifft, so ist er immer noch, und zwar zu etwa 80 Prozent, ein Markt für Frauen, insbesondere für Hausfrauen und Mütter. Zwei Drittel der Arbeitsplätze, um die es dabei geht, und die meist mit Montage, Fließbandfertigung, Verkauf und sonstiger Bedienung zu tun haben, erfordern nur eine einfache Qualifikation und werden auf Initiative des Betriebs eingerichtet. Eine Trendwende am Teilzeitmarkt wird erst dann vorliegen, wenn noch mehr Männer und Frauen der mittleren und höheren Qualifikationsstufen auch auf eigene Initiative eine Teilzeitbeschäftigung ausüben.

Eine solche Entwicklung wird die Teilzeitarbeit als Halbtagsarbeit zum Spezialfall werden lassen. Entstehen wird eine breite Palette der sogenannten optionalen Arbeitszeit: Die Arbeitnehmer haben eine Option, statt 100 Prozent auch 90, 80, 70 usw. Prozent der Normalstundenzahl tätig zu sein. Es gibt inzwischen eine ganze Reihe von Unternehmen, die ihren Arbeitnehmern diese Option einräumen, und dies durchweg zur Zufriedenheit aller Beteiligten. Die Arbeitszeit-Option wird zu Beginn eines bestimmten Planungszeitraumes zwischen den Mitarbeitern und der Betriebsleitung vereinbart. Der Betriebsrat hat hier eine wichtige Funktion. Natürlich kann nicht jeder machen, was er will. Es handelt sich um einen Verhandlungsprozeß auf Gegenseitigkeit. Der Anstoß, solche Modelle einzuführen, kam übrigens in nicht wenigen Fällen daher, daß die Unternehmen und ihre Belegschaften in konjunkturelle Schwierigkeiten geraten waren. Sie standen vor der Frage, entweder einen Teil der Belegschaft zu entlassen oder die weniger gewordene Arbeit für alle solidarisch umzuverteilen. In der Praxis bewährt sich das Verfahren. Auch später, wenn es dem Unternehmen wieder gutgeht, werden die neuen Arbeitszeitregelungen von den Mitarbeitern, die ihre gewonnene Zeit zu schätzen wissen, beibehalten. Es kommt dann zu Neueinstellungen auf zusätzlichen Arbeitsplätzen.

Teilzeitarbeit und optionale Arbeitszeit sind in ihrer Dauer und Lage vielfältig variierbar. Es handelt sich beileibe nicht nur darum, Tag für Tag zur selben Uhrzeit gleich viele Stunden zu arbeiten (was im übrigen ja auch für die Vollzeitbeschäftigung gilt). Es gibt naheliegenderweise Teilzeit-Schichten, etwa morgens oder nachmittags, und diese können unterschiedlich lang sein; es gibt Block-Teilzeitarbeit, bei der man heute und morgen Vollzeit arbeitet und übermorgen frei hat; und es gibt ganz variable Arbeitszeiten, die mehr oder weniger nach Tagesbedarf abgeleistet werden, wobei es in diesem Fall ganz besonders darauf ankommt, daß nicht nur der variable Arbeitsanfall des Betriebes berücksichtigt wird, sondern auch die aufgrund ihrer familiären und anderen Verpflichtungen sich verändernden Einsatzbedürfnisse der Beschäftigten. Alle diese Regelungen sind wiederum nicht notwendigerweise auf die Arbeitstage einer Woche beschränkt. Sie lassen sich sinngemäß auf die Wochen eines Monats und die Monate eines Jahres übertragen. Dies geschieht auch häufig, nicht zuletzt wegen der erforderlichen Urlaubs- und sonstigen Freistellungsregelungen.

Auf diese Weise ergibt sich ein Schichtbetrieb. Dieser entsteht unabhängig davon, ob die Beschäftigten selbst im Schichtwechsel arbeiten. Die Entkopplung von Arbeitszeit und Betriebszeit bei kurzen Arbeitszeiten bedeutet, daß *der Betrieb* zum Schichtbetrieb wird. Die Beschäftigten selbst können immer vormittags, nachmittags oder abends tätig sein, der Betrieb selbst aber ist in diesem Fall ein Drei-Schicht-Betrieb, etwa von 7.00 bis 13.00 Uhr, von 13.00 bis 17.30 Uhr und von 17.30 Uhr bis 22.00 Uhr.

Die Beschäftigten besetzen die gleichen Arbeitsplätze abwechselnd – und damit ist es faktisch nur noch ein förmlicher Schritt zum sogenannten Job-Sharing. Job-Sharing bedeutet, daß zwei oder mehrere Beschäftigte die Tätigkeit an einem Arbeitsplatz nach bestimmten Vereinbarungen untereinander aufteilen. Job-Sharing ist, wenn man so will, ein individueller »Schichtbetrieb«, den Arbeitnehmer im einzelnen miteinander vereinbaren. Auch hierbei ist darauf zu achten, daß gewisse Standards einer fairen Vereinbarung auf Gegenseitigkeit eingehalten werden und nicht der eine für den anderen unversehens den Kopf hinhalten muß.

Kürzere und veränderliche Arbeitszeiten machen unvermeidlicherweise auch die Wochenendarbeit wieder zum Thema. Dies ist, zu Recht, ein neuralgisches Thema. Auch hier entstehen leicht falsche Fronten, in deren Sperrfeuer der Unterschied zwischen Samstag und Sonntag untergeht. Der freie

Samstag wurde vor dreißig Jahren unter der Parole »Am Wochenende gehört Papi uns« erstritten. Dies war, wie schon die Parole zum Ausdruck bringt, noch eine Zeit, in der man davon ausging, daß der Mann Vollzeit arbeitet und die Frau nicht erwerbstätig ist. Außerdem waren Arbeitszeit und Betriebszeit in der Regel identisch. Eben diese beiden Voraussetzungen werden mehr und mehr hinfällig. Zugleich hat sich gezeigt, daß das verlängerte Wochenende für alle gleichzeitig, von Freitag nachmittag bis Sonntag abend, zu denselben Engpässen und Verstopfungen führt wie gleichzeitig stattfindende Ferien und Urlaube. Wohlweislich staffelt und streckt man letztere deshalb inzwischen über längere Zeiträume. Außerdem haben gerade die ausgedehnte Freizeit und überhaupt die wachsende Nachfrage nach Dienstleistungen dazu geführt, daß schon heute Wochenende für Wochenende Millionen von Arbeitnehmern im Einsatz sind – im Verkehrswesen, im Gesundheitswesen, bei den Ordnungskräften, in der Versorgungswirtschaft, im Freizeit-, Gaststätten- und Hotelbereich u. v. a. m. Wir alle wissen das zu schätzen, es soll da niemand heucheln. Auch die besten Protestanten bei uns wollen keinen englischen Sonntag.

Damit allerdings ist die in der Tat entscheidende und Grenzen setzende Frage der kulturellen Identität angesprochen. Der Rhythmus der Zeit ist der Rhythmus unseres Lebens, und zwar unseres kollektiven Lebens. Wäre ein Tag wie der andere, so hätten wir kein gutes Leben mehr, sondern ein diffuses Rauschen im Kanal, ein mausgraues Einerlei ohne gestaltgebende Zäsuren, markante Daten und Festzyklen. Unsere kulturelle Tradition seit zweitausend Jahren ist die des christlichen Kalenders. Auch wenn viele Zeitgenossen den Sinn des Sonntags nicht mehr verstehen, so gestaltet sich ihr Leben doch dank der Tatsache, daß es ihn gibt – und die vielen anderen kirchlichen und politischen Feiertage und Freizeiten auch. Was wären wir ohne Sonn- und Feiertage, ohne Weihnachten, Ostern und Pfingsten? Wir wären ein Heer von atomisierten

Robotern in einem Meer der immergleichen Einheitsmonotonie, nicht aber eine lebendige Kulturnation mit einer ausgeprägten und unverkennbaren eigenen Physiognomie. Deshalb sind die Sonntage und Feiertage im religiösen wie im weltlichen Sinne heilig, und sie müssen es unter allen Umständen bleiben. Über den Samstag läßt sich reden, über den Sonntag nicht. Wir leben schließlich nicht, um zu arbeiten und zu produzieren, sondern wir arbeiten und produzieren, um ein sinnerfülltes Leben auf einer hochentwickelten Kulturstufe zu führen.

Technik und Modernisierung

Die technische Gesellschaft, eine technokratische Gesellschaft?

Was ist wichtiger: die Sache oder der Mensch? Mit dieser Frage habe ich mich bisher vor allem im Bereich des Zusammenlebens von Menschen und im Bereich der Arbeit beschäftigt. In all diesen Bereichen ist der übergreifende Einfluß der Technik zu spüren. Bestimmen wir die Technik oder bestimmt die Technik uns? Die Antwort auf diese Frage kann für die Menschheit Überleben oder nicht bedeuten.

Im Jahr 1972 schuf sich der amerikanische Kongreß ein Office of Technology Assessment, eine Abteilung für Technikfolgenabschätzung. Im Jahr darauf unternahm die CDU/CSU-Bundestagsfraktion die erste Initiative, um ein solches parlamentarisches Beratungsorgan auch bei uns zu schaffen. Das war ein unmittelbarer Ausfluß der epochemachenden technischen Entwicklungsprogramme der vorangegangenen Jahrzehnte, von der Atombombe bis zur Mondlandung, von der Massenmotorisierung bis zur Massentelekommunikation via Telefon und Fernsehen.

Etwas schien sich grundlegend geändert zu haben. Der Franzose J. Ellul erklärte in den 50er/60er Jahren unsere Zeit zum »technischen Jahrhundert«, und der Deutsche H. Schelsky schrieb über die Entfremdungen des modernen Menschen in der »wissenschaftlichen Zivilisation«. Diese und andere Beiträge führten zu einer anhaltenden Debatte über das Problem der Technokratie: über die Eigengesetzlichkeiten der Technik, den zunehmenden Einfluß der Experten, die Verwandlung von Markt und Staat in ein gewissermaßen technisches Gehäuse. Dieses sei nicht mehr von Menschen und ihrer Moral beherrscht, sondern werde von Sachzwängen bestimmt. Insbesondere sei Politik künftig immer weniger an Grundwerte wie Freiheit, Gerechtigkeit und Solidarität gebunden. Um so mehr werde Politik künftig zu einem wissenschaftlich hergeleiteten, funktionsgerechten Management der großen Maschinerie.

Technik ist im Lauf der Geschichte zwar schon öfter zum Problem geworden – beispielsweise als die Spinn- und Webmaschinen aufkamen oder Dampfmaschine und Eisenbahn. Heute sind es die Kontroversen über Atomtechnik und Gentechnik. Aber früher betraf dies immer nur einzelne Techniken. Heute wird »die Technik an sich« zum Politikum. Das ist neu. Unsere Welt wird geradezu als technische Welt definiert. Der Entwicklungsgrad einer Nation mißt sich am Stand von Naturwissenschaft und Technik. Spitzentechnik bedeutet Weltgeltung. Der Faktor Technik scheint zu *dem* bestimmenden schlechthin geworden zu sein.

Technokratische Positionen haben vor allem in Frankreich und Amerika Tradition. Sie waren im Fortschritts-Diskurs der materialistischen Aufklärer um 1800 schon angelegt. Sie gehen davon aus, daß der Fortschritt im Kern wissenschaftlich-technischer Fortschritt ist, und daß dieser seiner eigenen Logik folgt. Der Mensch kann, so gesehen, den Fortschritt nicht bestimmen, sondern sich lediglich als mehr oder weniger fähig erweisen, das vorgegebene Fortschrittspotential zu entfalten: also die Gesetze von Wissenschaft und Technik entdecken und ihnen folgen. Damit dient man dem Fortschritt am meisten – so das technokratische Glaubensbekenntnis.

Die Fundamentalisten unterscheiden sich von den Technokraten nicht in der Einschätzung dieses Sachverhalts, wohl aber in seiner Bewertung, und die ist diametral entgegengesetzt. Für überzeugte Technokraten dient die kompetente Sachzwang-Herrschaft dem Allgemeinwohl. Denn die Befolgung rationalistischer Prinzipien führt angeblich zu den bestmöglichen Lebensbedingungen für die Menschen. Für Fundamentalisten dagegen, wie z. B. für O. Spengler, war Technik schon immer des Teufels. Ihr Gebrauch führe zur Hölle auf Erden, zu Unkultur und zum Untergang nicht nur des Abendlandes. Auch im zeitgenössischen Fundamentalismus der Grünen und Spätsozialisten ist diese Haltung weit verbreitet. G. Anders zum Beispiel meint, heute sei die Technik »zum Subjekt der Geschichte geworden, der Mensch ist nur noch mitgeschichtlich«. Er sei antiquiert, apokalypseblind und unfähig, seine technischen Werke auch zu verantworten. Wir seien »der Perfektion unserer Produkte nicht gewachsen«; wir stellten mehr her, als wir »vorstellen und verantworten können«. Dies sei das Zeitalter der Technokratie, und es bedeute die Zerstörung der Humanität.

Es fällt auf, daß Auseinandersetzungen über Wissenschaft und Technik sich praktisch durchwegs auf diese Weise polarisieren: Technik als Fluch, Technik als Segen; Technik als Bedrohung, Knechtung, Entfremdung und kultureller Rückschritt; und Technik als Verheißung, Emanzipation, Fortschritt, als Verbesserung und Erleichterung des Lebens. Das war schon vor 200 Jahren so, und das ist heute bei den Auseinandersetzungen z. B. um die Computerisierung nicht anders.

Technokraten und Fundamentalisten beschwören extreme Möglichkeiten der Technik. Die alltägliche Wirklichkeit verkennen und verzerren sie auf groteske Weise. Was die Technokratie-Diskussion jedoch als bleibenden Beitrag geleistet hat, ist die weitreichende soziale Bedeutung der Technik ins öffentliche Bewußtsein gebracht zu haben. Technik gibt dem gesellschaftlichen Leben unmittelbar Gestalt. Und es ist sicherlich zutreffend, daß sich die heutige Zivilisation erheblich mehr auf Technik stützt als jede andere zuvor. Aber kann man deshalb sagen, Technik sei *der* bestimmende Faktor geworden? Eher ist Technik doch ein Faktor unter mehreren. Mehr als jede frühere Zivilisation funktioniert die heutige auch auf der Grundlage von Recht und Gesetz, einem komplizierten System der Gewaltenteilung, auf der Grundlage früher unvorstellbar gewesener bürokratischer Apparate, nicht zuletzt auf der Grundlage von Geld und Kredit, Marktwirtschaft und Unternehmertum. *Alle* diese Institutionen sind heute wichtiger, als sie es auf früheren Kulturstufen waren.

Naturwissenschaft und Technik sind also zweifellos bedeutend, aber im Prinzip nicht bedeutender als Markt, Staat, Recht, Ethik und andere kulturelle Faktoren. Es ist zutreffend, unsere Gesellschaft eine technische Gesellschaft oder Wissenschaftsgesellschaft zu nennen, aber nicht ausschließlich. Denn ebenso sind wir eine Wirtschaftsgesellschaft, Verwaltungsgesellschaft, Rechtsgemeinschaft, Kulturgemeinschaft, eine Arbeitsgesellschaft und Freizeitgesellschaft, eine Produktions- und Konsumgesellschaft, und was es sonst noch an derartigen Bezeichnungen geben mag. Die »Industriegesellschaft« ist all das zusammen.

Die Technokratie-Debatte hat – allerdings ungewollt – gezeigt, daß der Gang der industriellen Entwicklung nicht vorbestimmt ist. Es gibt zu jeder Zeit positive und negative Potentiale. Also läßt sich auch die industrielle Entwicklung im Sinne alternativer Entwicklungspfade beeinflussen und mitgestalten. Eine Alternative allerdings, die dabei von vornherein ausscheidet, ist die des radikalen Ausstiegs aus der Technik. So unsinnig und unwirklich es wäre, aus der Geldwirtschaft oder dem Rechts- und Sozialstaat aussteigen zu wollen, so unsinnig und unwirklich ist es, mit »weniger Technik« leben zu wollen. Das gilt zumal unter den Bedingungen der heutigen Bevölkerungsdichte und der damit verbundenen Beanspruchung der Umwelt. Die ökologische Frage z. B. kann nicht mit weniger Technik, sondern nur mit mehr und besserer Technik beantwortet werden.

Soziale Bestimmung der Technik

Um die soziale Bedeutung der Technik zu verstehen, ist es wichtig, sich klarzumachen, daß moderne Technik kein unverbundenes Sammelsurium von Werkzeugen darstellt, sondern daß sie einen Verbundcharakter, einen Systemcharakter besitzt. Sie bildet vernetzte Großstrukturen. Ein Walzwerk ist mehr und etwas anderes als ein großer Hammer, eine Computeranlage mehr und etwas anderes als ein großer Aktenschrank. Am deutlichsten wird dies angesichts von Infrastrukturen wie den globalen Telekommunikations-Netzen, oder den Verkehrswegen und Großstadtstrukturen. Der Systemcharakter der Technik ändert aber nicht prinzipiell ihren Werkzeug-Charakter. Technik ist und bleibt ein menschliches Arbeitsmittel zu menschlichen Zwecken.

Technik dient dem Arbeiten. Maschinen und technische Anlagen leisten Arbeit. Technik nimmt dem Menschen Arbeit ab, und sie ermöglicht, Arbeiten zu tun, die sonst nicht möglich wären – in Hitze und Kälte, im Weltraum und unter Wasser, im Großräumigen und mikroskopisch Kleinen, mit Kraft und Ausdauer, Feinheit und Präzision, die jede natürliche menschliche Möglichkeit übersteigen. Der Sozialphilosoph A. Gehlen definierte Technik über ihre Eigenschaft, menschliche Organe zu ersetzen und zu überbieten – und man kann hinzufügen: neue Organe zu erfinden, den menschlichen Aktionsradius zu erweitern. Technik ersetzt, ergänzt, erweitert, verstärkt und beschleunigt menschliche Arbeitsfähigkeit. So gesehen hat Technik in erster Linie wirksam zu sein. Effektiv und rationell soll Technik sein. Das schließt nicht aus, daß sie auch »edel, hilfreich und gut« sein kann, bzw. dem Menschen als wirksames Mittel dienen kann, sich so zu verhalten.

Wir stehen nach wie vor in den diversen Traditionen der Aufklärung. Aber im Unterschied zu unseren Vorfahren ist die von Wissenschaft und Technik geprägte Welt für uns keine himmlische oder höllische Erwartung mehr, sondern eine alltägliche Erfahrung mit ihren Licht- und Schattenseiten. »Wir leben nicht mehr *in Erwartung* des Fortschritts, wir kennen ihn *aus Erfahrung*.«[1] So manche Vision der Fortschrittsgläubigen vom Schlage eines Condorcet oder Saint-Simon hat sich faktisch erfüllt – und bedeutet doch etwas anderes als ursprünglich erwartet. Erfüllt haben sich z. B. die Erwartungen hoher Produktivität und eines hohen Bildungsniveaus. Das Entwicklungsniveau, das heißt die Komplexität der ganzen Gesellschaft, hat sich erhöht, und zwar in allen Bereichen. Unsere Wahl-, Entscheidungs- und Gestaltungsmöglichkeiten, unser optionaler Reichtum, haben entsprechend zugenommen.

Aber zugleich hat sich der Januskopf des Fortschritts gezeigt. Die Möglichkeiten zu wählen, zu entscheiden und zu gestalten, sind zugleich Notwendigkeiten. Wir können nicht nur, wir müssen wählen, entscheiden und gestalten. Die notwendige Wahrnehmung dieser Möglichkeiten scheint viele Menschen zu überfordern. Die Chance, sich zu emanzipieren und sein Leben selbst zu gestalten, ist vom Risiko, es zu vertun, nicht zu trennen. Ebenso besitzen wir heute nicht nur die Technik, um alle Menschen ernähren, kleiden, behausen und bilden zu können, sondern auch die Technik, um alle Menschen und alles Leben auf der Erde zu zerstören. Zur erfreulichen Tatsache der gestiegenen Produktivität gehört die furchterregende Wirklichkeit eines gestiegenen Potentials möglicher

[1] Joseph Huber, *»Geistig erstarrt, moralisch erschöpft«*, in *SZ*, 21./22. Oktober 1989

Destruktivität. Daß wir durch produktive Technik allgemeinen Wohlstand geschaffen haben, hat uns hohe soziale Kosten verursacht, und in den Ländern der Dritten Welt ist dieser Prozeß noch immer im Gange.

Man kann somit schwerlich sagen, das Leben sei mit dem technischen Fortschritt »besser« und »leichter« geworden, oder die Menschen seien mit der modernen Technik »glücklicher« als ohne sie. Es war ein Irrglaube, technischen Fortschritt und sozialen Fortschritt miteinander gleichzusetzen. Der soziale Fortschritt und die geistige und seelische Entwicklung fallen mit dem technischen Fortschritt nicht automatisch zusammen. Gesundheit und ein erfülltes Leben haben mit der materiellen »pursuit of happiness« nur bedingt etwas zu tun. Armut im industriellen Sinn bedeutet sicherlich Unglück, aber Wohlstand und wissenschaftliche Erkenntnis noch lange kein Glück. Die Weisheit des Lebens entdeckt man nicht im Labor. Das war der Grundirrtum des naiven Fortschrittglaubens. In dieser Hinsicht hat die christliche Opposition gegen die materialistische Vereinseitigung der Aufklärung Recht behalten und in diesem Zusammenhang auch die frühe deutsche Sozialromantik und davon beeinflußte Strömungen des Sozialismus. Für den sozialen Fortschritt muß man eigens etwas tun, ebenso für die geistige und seelische Entwicklung, gegebenenfalls gegen bestimmte Formen des technischen Fortschritts, und in Verbindung mit anderen.

Eine solche Haltung, die nicht auf spekulativen Konzepten, sondern den Erfahrungen beruht, die wir mit der Technik haben, kann uns heute helfen, zur Frage der Technik ein gelasseneres Verhältnis zu finden. Mit jeder »Generation« von neuen Techniken werden wieder Weichen gestellt für lebende und kommende Generationen. Dafür brauchen wir ebensoviel Sachverstand wie Gefühl fürs Lebensdienliche. Technik ist nützlich, jedenfalls sollte sie das sein, aber sie macht nicht unbedingt glücklich und auch nicht unbedingt unglücklich.

Nun soll damit keine neutralistische Position vertreten werden, etwa im Sinne des allzu schlichten Pennäler-Arguments, mit dem Dolch im Gewand könne man genauso gut Kartoffeln schälen. Technik an sich sei weder gut noch böse, sondern lediglich was der Mensch mit ihr mache. Richtig ist das wohl nur als abstrakte Überphilosophie. In der Praxis aber stellt einen jede Technik vor gewisse unausweichliche Bedingungen. Es kommt darauf an, diese Bedingungen im einzelnen zu untersuchen und zu bewerten. Jede Technik erschließt neue Möglichkeiten und verschließt alte, setzt Zwänge außer Kraft und neue in Kraft. Jede Technik besitzt Vor- und Nachteile, birgt Sicherheiten und Risiken, bringt Gewinne und Kosten, auch im übertragenen Sinn. Darüber muß man sich möglichst umfassend Klarheit verschaffen und versuchen, zu einem möglichst weitgehenden Konsens über den einzuschlagenden Technik-Entwicklungspfad zu kommen. Hier vor allem ist die Politik gefordert. Ihre Aufgabe ist es, im Zusammenspiel mit Experten und Medien, eine breite gesellschaftliche Willensbildung herbeizuführen und entsprechende Weichenstellungen vorzunehmen.

Das wirft die Frage auf, welchen Kriterien Technik genügen sollte. Das mit Abstand wichtigste Kriterium wurde schon erwähnt: effektiv und rationell soll sie sein. Darüber hinaus sind im Laufe der Zeit allerdings immer weitergehende Ansprüche an die Technik gestellt worden: komfortabel soll sie sein, betriebssicher, gleichwohl benutzerfreundlich und zuverlässig funktionierend, Gestaltungsspielräume soll sie lassen, die Gesundheit und die Umwelt schonen u. a. m. Mit der Komplexität der Gesellschaft im allgemeinen und der Technik im besonderen sind auch die Kriterien komplexer geworden, denen Technik zu genügen hat. Zu den erweiterten Kriterien, die heute Geltung erlangt haben, gehört vor allem die Umweltverträglichkeit der Technik und nicht zuletzt, nach einer Formulierung von K. M. Meyer-Abich, ihre Sozialverträglichkeit. Sozialverträglichkeit meint eine Vielzahl von Aspekten. Diese reichen vom Arbeitsschutz i. e. bis zum Erhalt oder dem behutsamen Wandel gemeinschaftlicher Lebensweisen und Kulturformen.

In diesem Zusammenhang wurde, ausgehend von E. F. Schumachers Kritik der Großtechnik, eine »Rückkehr zum menschlichen Maß« verlangt. Nur, was soll man sich darunter vorstellen? Kleine Bürohäuschen statt Wolkenkratzer? Doppeldecker statt Airbus? Oder keine Flugzeuge mehr und statt dessen – ja was? Die neuere Technikkritik hat dazu beigetragen, unser Bewußtsein über ungewollte und problematische Wirkungen der Technik zu schärfen. Auch in der Energiepolitik hat sie alternative Pfade aufgezeigt und überhaupt den Weg in Richtung erneuerbarer und umweltverträglicher Ressourcen gewiesen. Aber sie hat wenig dazu beigetragen, diesen Weg mit konstruktiven Entwicklungen auch praktisch zu beschreiten. Vielleicht wäre das auch zuviel verlangt, denn technische Entwicklungen verlangen heute einen immensen Kapitaleinsatz, wissenschaftliche Voraussetzungen, technisches Know-how, und professionelles Vorgehen auf allen Ebenen. Ohne diese Voraussetzungen muß Technik dilettantisch bleiben und die Formel »Technik nach menschlichem Maß« zur Leerformel werden, mit welcher der grüne Fundamentalismus auf Dummenfang geht.

E. F. Schumacher selbst übrigens soll gesagt haben, wenn er zu einer anderen Zeit gelebt hätte, hätte er statt »small is beautiful« genausogut »big is beautiful« propagieren können. Er sprach in der Regel weder von »sanfter Technik« noch von »kleiner Technik«, sondern von »intermediate technology« und »appropriate technology«, also von einer Technik, die angemessen, vermittelbar und anschlußfähig ist und zwar an die jeweils gegebenen Bedingungen der sozialen und natürlichen Umwelt. Was soll an der durch ein großes Computersystem gestützten Renten-Verwaltung der BfA »unmenschlich« sein? Und was ist daran »menschlich« oder »ökologisch«, jede halbverfallene Scheune unter Denkmalschutz zu stellen? Wenn sie in Technikpessimismus ausartet, schadet Technikkritik mehr als sie nützt. Sie muß dann ähnliche schlimme Wirkungen zeitigen wie der Kulturpessimismus des 19. und frühen 20. Jahrhunderts. Gewiß ebenso fehl am Platze wäre allerdings auch zur Schau gestellter Zweckoptimismus. Es kommt darauf an, den technischen und technikbedingten Tatsachen gegenüber realistisch zu sein.

Neue Techniken, neue Zentren

Es wird häufig gesagt, mit den neuen Techniken, die uns heute zur Verfügung stehen – Elektronisierung und Telematisierung, neue Material- und Energietechniken, Bio- und Gentechnologie u. a. m. – sei eine neue industrielle Revolution auf den Weg gebracht worden. Je nach Zählart spricht man von der »zweiten«, »dritten« oder sogar »vierten« industriellen Revolution. Im Grunde sind solche Festlegungsversuche müßig und eher verwirrend. Seit der ursprünglichen industriellen Revolution um 1800 folgte eine Epoche ständiger Umwälzungen auf allen Gebieten der anderen. J. Schumpeter sprach von der industriellen Entwicklung als einem unaufhörlichen Prozeß »schöpferischer Zerstörung«. Und J. K. Galbraith witzelte einmal, dies sei zweifellos das Zeitalter der technischen und sozialen Revolutionen, fast jede Woche hätten wir eine.

Das hat allerdings gerade Schumpeter nicht daran gehindert, bestimmte Einschnitte und Abschnitte im Prozeß der industriellen Entwicklung festzustellen. Er bestimmte sie als grundlegende technische Innovationsphasen, die von bestimmten Schlüsselindustrien getragen werden: zuerst die Textilindustrie mit den Spinn- und Webmaschinen, dann, um die Mitte des 19. Jahrhunderts, Eisenbahn und Dampfschiffahrt auf der

Grundlage der Kohle- und Eisenindustrie, zur Jahrhundertwende sodann Elektrifizierung und Chemisierung und schließlich die Epoche der Massenmotorisierung, das Ölzeitalter. Es ist fast schon zum Gemeinplatz geworden, daß wir nunmehr in eine neue solche Innovationsphase eingetreten sind, ins »Chipzeitalter«.

Jede dieser Innovationsphasen bringt grundlegende Veränderungen auch auf wirtschaftlichem, politischem und überhaupt gesellschaftlichem Gebiet mit sich. So schloß z. B. die Entwicklung der Textilindustrie in England die Schafzucht und Wollgewinnung in industriellem Ausmaß ein. Wegen dieses gewinnversprechenden Geschäfts forcierten die Landlords das Bauernlegen (enclosures). Sie trugen damit ganz erheblich zur allgemeinen Verarmung der kleinen Leute, zur Landflucht und Verstädterung und zur Bildung eines ländlichen und städtischen Proletariats bei. Damit stellte sich erstmals die moderne »soziale Frage«.

Die Gesamtheit solcher Veränderungen im Zuge von Innovationsprozessen bzw. Modernisierungsprozessen nennt man, etwas verharmlosend, Strukturwandel. Strukturwandel findet immer statt, aber mit unterschiedlicher Reichweite. Sehr weitreichenden, ganz grundlegenden Strukturwandel kann man daran erkennen, daß dieser geographische, besser gesagt, geopolitische Verschiebungen mit sich bringt, etwa die gerade erwähnten Verschiebungen im Stadt-Land-Verhältnis um 1800. Alte Zentren verlieren an Bedeutung, neue entstehen und blühen auf. Gerade gegenwärtig sind wir Zeugen eines solchen Vorgangs. Da es sich dabei um den ersten solchen Vorgang seit den Verschiebungen der ursprünglichen industriellen Revolution handelt, ist dies ein Indiz dafür, daß wir vom ursprünglichen Aufbau in eine Phase des industriellen Umbaus eingetreten sind. In Deutschland z. B. waren die Metropolen des industriellen Aufbaus das Ruhrgebiet, Groß-Berlin, die Überseehäfen Hamburg und Bremen. Heute dagegen erleben wir die Nord-Süd-Verschiebung. Der industrielle Drache schlängelt sich jetzt Rhein-Main-Neckar-aufwärts von Düsseldorf und Köln über Frankfurt nach Stuttgart und München. In Österreich findet in gleicher Weise eine Ost-West-Verschiebung statt. Gewisse Gebiete in Niederösterreich und der Steiermark drohen gegenüber den zunehmend wohlhabenderen westlichen Bundesländern in eine Randlage zu geraten.

Auch in England gibt es ein neues Nord-Süd-Gefälle. Viele Leute aus dem Norden sehen sich gezwungen, im Süden Arbeit zu suchen. Der ehedem prächtige Überseehafen Liverpool ist nur noch ein Schatten seiner selbst. Viele Orte im Norden bieten ein trübes Bild, während in London und überhaupt im Südosten die Grundstückspreise in schwindelerregende Höhen steigen. Eine ähnliche Situation haben wir in Frankreich. Paris ist zwar nach wie vor das Hyperzentrum. Aber der ehedem prosperierende Norden von Pas-de-Calais bis Lothringen mit seiner Kohle- und Stahlindustrie ist zum permanenten Krisengebiet geworden, während es außer den Touristen auch die professionellen neuen Mittelschichten in den Süden zieht. Neue Industrien und französische Wissenschaft und Spitzentechnik findet man heute, außer in und um Paris, vor allem im Süden, von Grenoble bis Toulouse. Auch in Italien kennt man so etwas, dort allerdings im Rahmen der traditionellen Süd-Nord-Wanderung. Spitzentechnik und neue Industrien sitzen dort im »triangolo« zwischen Turin, Ivrea und Novara.

In den USA finden wir das »research triangle« im amerikanischen Südstaat North-Carolina. Die Verschiebung in den USA verläuft von Nord nach Süd und von Ost nach West. Was in Deutschland das Ruhrgebiet von Dortmund nach Duisburg, das ist in den USA das Ohio Basin von Pittsburgh nach St. Louis, zuzüglich der nördlich angrenzenden Seengebiete von Buffalo bis Detroit. Seit es mit den »smokestack industries«, den Schornstein-Industrien, bergab gegangen ist, gilt diese Gegend mehr oder weniger als »depressed area«. Die Amerikaner sprechen vom »smoke belt« und »rust belt«, dem altindustriellen Rauch- und Rostgürtel. Die neuen »high tech industries« oder »sunrise industries« siedeln sich dagegen, von erneuerten alten Zentren wie Boston und New York abgesehen, in Richtung Süden und Westen an, von Orlando in Florida über Dallas in Texas oder Denver in Colorado bis nach L. A. und S. F. in Kalifornien. In diese Gegenden hat es in den vergangenen Jahren starke Wanderungsbewegungen gegeben.

Verschiebungen und Verfestigungen im industriellen Weltsystem

Die inneramerikanische Aufwertung des Südens und Westens gegenüber dem Norden und Osten geht einher mit dem globalen Bedeutungszuwachs der pazifischen Anrainerstaaten. Der amerikanische Westen ist zugleich Teil der faktisch entstandenen nordpazifischen Industrie- und Handelszone. Angeführt wird diese von Japan, gefolgt von Kalifornien und den »Mini-Japans« Taiwan, Hongkong, Südkorea und Singapur. Hawaii ist eine Drehscheibe mitten im Pazifik mit teilweise noch höheren Grundstückspreisen als Tokio oder New York. Auch China hätte, wenn es seinen Liberalisierungskurs beibehalten hätte, zunehmendes Gewicht erlangt.

Der pazifische Wirtschaftsraum ist im Begriff, dem atlantischen den Rang abzulaufen. Welche Indikatoren auch immer man zu Rate zieht – Wachstum, Weltexportanteile, Marktanteile an neuen Techniken, Investitionsquoten, Qualifikationsniveau der Arbeitskräfte –, Amerika erweist sich weiterhin als die größte Macht. Ihr Leistungsniveau übertrifft das Japans auf der pazifischen und das Westeuropas auf der atlantischen Seite. »Japan Inc.« und Westeuropa stehen daneben gegenwärtig auf einem in etwa ebenbürtigen Niveau. Aber die pazifischen Staaten haben dieses Niveau in sehr kurzer Zeit erreicht. 1970 betrug der transpazifische Handel erst die Hälfte des transatlantischen. Japans Ziel besteht ganz einfach und unverhohlen darin, »ichi ban«, Nummer eins zu werden. Die Weltwirtschaftskrise löste dort bisher nicht die geringsten Sorgen aus. Während die USA zum größten Schuldner der Welt geworden sind, wurde Japan zum größten Gläubiger. Japan wie Westeuropa sind relativ rohstoffarm. Aber im Hinblick auf ein Grundprodukt von größter Bedeutung, den »Chip«, ist Japan mit Abstand führend und Westeuropa hinkt nach, trotz des Superchips von Siemens und Philips. Westeuropas Chip-Defizit liegt gegenwärtig bei etwa 1,5 Milliarden US-Dollar pro Jahr.

Andererseits scheint die strukturelle Mischung in den meisten europäischen Ländern ausgewogener zu sein als in Japan und den USA. Japan beherrscht z. B. das Feld der Elektronik, der Robotik, der NC-Anlagen, der Hochleistungskeramik und möchte das auch für die Lasertechnik erreichen. Dafür schneidet Japan ziemlich schlecht ab, wenn es z. B. um Pharmaka und Chemikalien geht, um Energietechnik, CAD/CAM-Software, Raketen, Luft- und Raumfahrt. Auf keinem dieser Gebiete ist Westeuropa alleine führend, aber auf allen diesen Gebieten hat Westeuropa ein breites Spektrum von Spitzenleistungen aufzuweisen.

Der europäische Binnenmarkt wird hier weitere günstige Voraussetzungen schaffen. Was die Amerikaner immer wieder so stark macht, ist in der Tat ihr unvergleichlicher Binnenmarkt. Es bleibt zu hoffen, daß »1992« dabei nicht zu einer ähnlich magischen Chiffre wird wie »1984«, das Jahr, in dem der Große Bruder hätte über uns kommen sollen. Bis 1984 neigte man dazu, die Bedrohung durch den elektronischen Überwachungsstaat zu übertreiben; seither tut man so, als gäbe es diese langfristig wirkenden Tendenzen überhaupt nicht mehr. »1992« wird keineswegs mit einem Schlage alles ganz anders und schon gar nicht alles erledigt sein. Ein gemeinsamer Binnenmarkt besteht nicht nur aus einer Handels- und Zollunion. Ebenso gehören dazu eine gemeinsame Währung und Zentralbank, einheitliche Steuern und Abgaben und schließlich auch eine gemeinsame Bildungs-, Arbeitsmarkt- und Sozialpolitik. Wenn man weiß, wie unterschiedlich die nationalen Systeme auf allen diesen Gebieten sind, wird man die Gunst der Stunde »1992« zwar nutzen, um hier Fortschritte zu erzielen, aber sich nicht der Illusion hingeben, zu diesem Zeitraum schon am Ziel angelangt zu sein.

Dies gilt umso mehr, als wirtschaftliche Einheit auch eine gewisse politische Einheit voraussetzt, also einheitliche Rechtsbedingungen, eine Aufwertung des europäischen Parlaments und eine Relativierung der nationalen Souveränität. Schließlich muß man sehen, daß in der bisherigen Geschichte politische Einheit letztlich immer auf dem Hintergrund militärischer Einheit Bestand hatte. »High Tech« gedieh nicht nur auf dem Humus des amerikanischen Binnenmarktes, sondern auch aufgrund geplanter Nachfrage der U.S.-Streitkräfte. Das Pentagon spielt in den USA eine ähnliche Rolle wie öffentliche Subventionen in Westeuropa. Die Entwicklung der integrierten Schaltkreise gibt hier ein gutes Beispiel. Das Pentagon brauchte »smart chips«, um die damals geplanten »smart missiles« damit steuern zu können. Ohne diese geplante Nachfrage wäre die Miniaturisierung der Schaltkreise niemals so schnell vorangeschritten und hätte Silicon Valley niemals in der Weise geboomt, wie es das getan hat. SDI ist der nächste derartige Fall. Selbst wenn man SDI als ein verstecktes ziviles Forschungs- und Entwicklungsprogramm versteht, kann man die militärischen Zielsetzungen und den gewachsenen militärischen Einfluß auf Industrie und Handel nicht leugnen. Europa hat gut daran getan, ohne deshalb antiamerikanisch zu sein, sich für SDI nicht gerade zu begeistern. Westeuropa muß dem allerdings eigene Programme gegenüberstellen. MITI in Japan tut das ja auch. »Eureka« und eine Reihe anderer Forschungs- und Entwicklungsprogramme waren ein guter Anfang. Weitere Anstrengungen müssen folgen.

Dabei wird die Brüsseler Bürokratie – anders als bei »Eureka« – meist eine Rolle zu spielen haben. Die Bürokratie der Gemeinschaft ist besser als ihr Ruf. Gemessen an Indikatoren des Verwaltungs-Outputs pro Kosteneinheit ist die Brüsseler Bürokratie effizienter als jede nationale Bürokratie in Europa. Jedenfalls ist sie eine treibende, keine bremsende Kraft, für den gemeinsamen Binnenmarkt ebenso wie für technische und soziale Innovation und den europaweiten Strukturwandel.

Die Entwicklung westeuropäischer Einigungskräfte darf uns von unseren östlichen Angehörigen, Nachbarn und Partnern nicht entfremden. Es steht vielmehr außer Frage, daß – eine gewisse Liberalisierung und Demokratisierung der Länder Mittel- und Osteuropas vorausgesetzt – beide Seiten von freieren Wirtschafts- und Verkehrsbeziehungen ungemein profitieren können.

Die bisherigen Erörterungen zu diesem Thema zeigen, daß der Strukturwandel im Gefolge neuer Techniken kein simples Gewinner-Verlierer-Spiel zu sein braucht. Alle können dazugewinnen. Daß neue Zentren aufsteigen, muß nicht unbedingt heißen, daß die alten absteigen. Das kann so sein, und in einigen Fällen scheint es definitiv so zu sein. Aber es muß nicht sein. Alte und neue Zentren können sich auch auf einem vergleichbaren Niveau einpendeln. Das Weltsystem, das sie bilden, entspricht dann nicht mehr einer Hierarchie von Hegemonialmächten, sondern eher einer Heterarchie, einem Netzwerk mit vielen Zentren.

Die meisten der heutigen Entwicklungsländer werden dabei voraussichtlich noch weniger als früher mithalten können. Sie befinden sich in größter Gefahr, auf unabsehbare Zeit das Armenhaus der Welt zu bleiben. Noch mehr als bei den anderen Ländern darf die Entwicklungspolitik ihnen gegenüber nicht nur von wirtschafts- und technikpolitischen Überlegungen geprägt sein. Jene sozialpolitischen Grundsätze, welche die Sicherung des Überlebens und einer menschenwürdigen Existenz betreffen, müssen hier ohne Wenn und Aber zum Zuge kommen. Die Weltbank und andere Finanzinstitutionen sind dazu übergegangen, den ärmsten der armen Länder einen Teil ihrer Schulden zu erlassen. Dies entspricht nicht nur der kaufmännischen Einsicht in die faktische Uneinbringbarkeit der Forderungen, sondern auch sozialem Verantwortungsgefühl.

Wir müssen heute begreifen, daß in einer hochgradig vernetzten Welt die Außen-, Außenhandels- und Entwicklungspolitik einerseits und nationale Sozialpolitik und Strukturpolitik andererseits in erheblichem Maße aufeinander rückwirken. Die Ausgaben der einen sind die Einnahmen der anderen. Das Ausmaß der internationalen Arbeitsteilung macht Protektionismus mehr als früher zu einer selbstschädigenden Strategie. Bei freiem Handel und freier Koproduktion hängen Wohlstand und sozialstaatliches Niveau in einem Land von dem in anderen Ländern ab. Auf freien Märkten tendieren Preis- und Lohngefälle zu einem gewissen Ausgleich. Entweder wir riskieren einen Einbruch unseres hohen Niveaus, oder wir tun das uns mögliche, um Bedingungen zu schaffen, die es auch unseren Partnerländern auf der ganzen Welt erlauben, durch eigene Anstrengungen den Anschluß an dieses Niveau herzustellen.

Neue Techniken, veränderte Industriestruktur: sächliche und personale Tätigkeiten

Die erläuterten geopolitischen Verschiebungen sind selbst Ausdruck von sektoralen Veränderungen der Industriestruktur. Es ist ja eine der ursprünglichsten Wirkungen von neuen

Techniken, daß sie neue Industrien begründen und das Gesicht schon bestehender Industrien erheblich verändern. Die Hauptwirkung des »Chip« besteht wohl darin, daß er den Übergang aus der Industriegesellschaft in die Informationsgesellschaft möglich macht.

Fraglos ist eine weiterhin wachsende Zahl von Menschen damit beschäftigt, Informationen in welcher Form auch immer zusammenzutragen, zu verarbeiten und weiterzuverbreiten. Und natürlich machen sie dabei reichlichen und wachsenden Gebrauch von Printmedien, audio-visuellen Medien, Telefonen, Computern und anderen High-Tech-Büromaschinen, elektronischen Dateien und Informationsträgern sowie allen möglichen Telekommunikations-Netzen. Eine Studie der kalifornischen Energy Commission, die das Potential für elektronische Fernarbeit abschätzen sollte, kam zu dem Ergebnis, daß 1983 bereits 58% der Erwerbstätigen »Informationsarbeiter« gewesen sind.[1] Für die Bundesrepublik ermittelte das Institut für Arbeitsmarktforschung der Bundesanstalt für Arbeit in Nürnberg bei etwas zurückhaltenderen Abgrenzungen für die 80er Jahre einen Anteil von etwa einem Drittel.[2]

Ähnliche Angaben werden seit vielen Jahren zum Thema Dienstleistungsgesellschaft ermittelt. Man stellt fest, daß in den westlichen Industrieländern inzwischen nur noch ein sehr kleiner Teil der Arbeitskräfte auf dem Feld und im Stall arbeitet. Auch die Arbeiter in der Fabrik werden weniger. Die Angehörigen jener Gruppe, der Karl Marx zugedacht hatte, zu Helden der Geschichte zu werden, sind eine schrumpfende Minderheit geworden. In der Bundesrepublik gibt es gegenwärtig rund 14 Millionen Rentner/innen, aber nur noch etwas über 10 Millionen Arbeiter/innen. Dafür ist heute die Mehrheit der Erwerbstätigen im Dienstleistungsbereich beschäftigt. Die

[1] Californian Energy Commission 1983
[2] Dostal, MittlAB

Dienstleistungen bilden den dritten Sektor, neben dem zweiten Sektor der Industrie im engeren Sinn (dem produzierenden Gewerbe) und dem ersten Sektor der Landwirtschaft. Von diesem Drei-Sektoren-Modell ausgehend hat man den Informationssektor auch als vierten Sektor bezeichnet.

Bei näherem Hinsehen erkennt man, daß dieses Modell unter Umständen auch recht irreführend sein kann. LKW-Fahrer oder Schaffner bei der Bundesbahn zu sein, ist etwas völlig anderes als Bankangestellte oder Verwaltungsbeamtin im öffentlichen Dienst zu sein und das wiederum etwas ganz anderes als Altenpfleger oder Erzieherin. Sodann gibt es große Anteile solcher Dienstleistungstätigkeiten in Landwirtschaft und produzierendem Gewerbe selbst. Alle zusammengerechnet sind bereits über 70% der Erwerbstätigen »Diensteleister«. Nur noch etwa ein Fünftel der Erwerbstätigen ist unmittelbar damit beschäftigt, etwas herzustellen und weitere 10% damit, Maschinen zu warten.[1] Letztere aber gehören nicht nur zum zweiten Sektor der Industrie sondern auch zum dritten der Dienste (z. B. Wartung von Fotokopiergeräten oder Heizungsanlagen in öffentlichen Gebäuden). Mit dem vierten, dem informationellen Sektor ist es noch komplizierter. Natürlich wird an buchstäblich jedem Arbeitsplatz Information verarbeitet, und Arbeitsplätze, die ausschließlich damit zu tun haben, gibt es überall.

Obendrein suggeriert das Drei- oder Vier-Sektoren-Modell, die nachfolgenden Sektoren würden die erstgenannten ablösen – auf die Epoche der Landwirtschaft folge die der Industrie, die wiederum von den Dienstleistungen abgelöst werde. Hier wirkt das Modell irreführend. Wenn nur noch wenige Menschen in der Landwirtschaft arbeiten, heißt das noch lange nicht, daß die Landwirtschaft »kleiner« oder weniger bedeutend geworden ist. Es signalisiert vielmehr, daß sie produktiver

[1] iwd, Nr. 49, Dez. 87 (D)

geworden ist, daß sie sich technisiert und modernisiert hat, daß sie eine Reihe von Zulieferfunktionen nicht mehr selbst erfüllt, sondern daß diese, z. B. die Düngemittelfabrikation, von der chemischen Industrie übernommen worden sind, und sie auch eine Reihe von verarbeitenden Funktionen abgegeben hat, z. B. an die Nahrungsmittelindustrie. Kurz (und vielleicht gar nicht so gut), die bäuerliche Landwirtschaft gibt es nicht mehr, sie ist längst zu einer hochmodernisierten Agrarindustrie geworden. Diese ist ihrerseits mit anderen industriellen Produktions-, Handels-, Finanz-, Verwaltungs- und sonstigen Dienstleistungszweigen unauflöslich verkettet. In ähnlicher Weise kann man das für sämtliche Sektoren der Volkswirtschaft durchspielen.

Durch neue Techniken werden in Wirklichkeit nicht alte Sektoren durch neue abgelöst, sondern das gesamte Spektrum der Sektoren der Volkswirtschaft wächst und verzweigt sich, gleichsam als die Äste und Zweige am Stamm des industriegesellschaftlichen Entwicklungsbaumes. Sie entfalten und modernisieren sich alle zusammen zu immer neuen Stufen wissenschaftlich-technischer Komplexität. Es handelt sich, um an Schumpeter anzuknüpfen, nicht eigentlich um einen Prozeß »schöpferischer Zerstörung«, der Ersetzung alter Sektoren durch neue, als eher um einen Prozeß der »schöpferischen Rekonstruktion«, der Umgestaltung oder des Umbaus auf bleibendem Fundament. Wir benutzen elektronische Speicher und Bildschirme nicht anstelle von Papier, sondern beides. Richtig ist zwar, daß das vorindustrielle Segelschiff durch das industrielle Dampfschiff und andere Motorschiffe ersetzt wurde, wie die vorindustrielle Pferdepost durch die Eisenbahn des Industriezeitalters. Aber danach wurde im Zuge der industriellen Entfaltung weder die Eisenbahn vom Kraftwagen, noch dieser von Flugzeugen, noch diese von Raketen abgelöst. Vielmehr behalten alle ihre Nische, in der sie sich fortwährend modernisieren und dabei wechselnde Anteile ausfüllen. Erst wenn sie nicht mehr modernisiert würden, würden sie in ihrer industriellen Existenz ersetzt.

Man könnte die gesamten Sektoren der Volkswirtschaft zwar grob in Sektoren der Produktion und Sektoren der Dienstleistungen einteilen. Aber die eigentliche substantielle Grundgliederung ist eine andere. Sie teilt nach zwei Grundarten von Tätigkeiten ein: nämlich Tätigkeiten, die auf *Sachen* gerichtet sind, und Tätigkeiten, die unmittelbar für und mit *Menschen* getan werden. Das eine sind Produktions- oder Dienstleistungstätigkeiten, die mit der Erzeugung, dem Gebrauch oder der Abwicklung von Gütern oder Gegenständen zu tun haben, sei es nun Garten- oder Maschinenbau oder Geldverkehr und Buchhaltung. Man nennt sie zusammenfassend auch produktionsbezogene Tätigkeiten. Die anderen sind Tätigkeiten am Menschen, prototypisch in Gestalt der pflegerischen, erzieherischen und seelsorgerischen Berufe. Man nennt sie zusammenfassend auch personbezogen, oder, je nach Blickwinkel, auch haushalts- oder verbraucherorientiert. Es bietet sich an, die sachbezogenen und personbezogenen Tätigkeiten der Kürze halber sächliche und personale Tätigkeiten zu nennen, und in diesem Sinne auch von sächlichen und personalen Diensten zu sprechen.

Die personalen Dienste sind jene Tätigkeiten, die den Haushalt betreffen oder doch relativ haushaltsnah und familiennah situiert sind, nahe dem Alltags- und Gemeinschaftsleben. Ihrer Herkunft nach handelt es sich überwiegend um traditionelle Frauenberufe (vom Lehrerberuf einmal abgesehen, der inzwischen jedoch über weite Strecken auch schon ein Frauenberuf geworden ist). Nicht zuletzt der ordnungspolitische Konflikt zwischen Markt und Staat erhält hier eine neue Dimension. Denn das Verhältnis von sächlichen und personalen Diensten fällt über weite Strecken zusammen mit dem Verhältnis von Marktwirtschaft und Sozialstaat.

Die neuen sozialen Fragen, die auch mit den technischen

Innovationen zusammenhängen, werden hier aufgeworfen, wo es um diesen Unterschied von sächlichen und personalen Diensten geht. Die sächlichen Tätigkeiten waren jene, die den industriellen Aufbau weitgehend bestimmten und diesem sein Gepräge gaben. Es handelt sich um die typischen Fabrik- und Bürotätigkeiten, auch um die typischen Männerberufe. Die personalen Dienste fielen daneben weniger ins Gewicht. Mit dem industriellen Umbau ändert sich das erheblich. Die Produktivitätsgewinne in den sächlichen Sektoren nehmen mit der Computerisierung und Telematisierung nochmals zu. Dieser nochmalige Produktivitätszuwachs macht die Aufnahme einer künftig noch wachsenden Zahl von Beschäftigten in den personalen Diensten ebenso *möglich* wie die Mehrbeschäftigung in diesen Sektoren aufgrund weitergehender sozialer Entwicklungen auch *nötig* ist.

Unsere offiziellen Statistiken geben keinen Aufschluß über die Verteilung der Erwerbstätigen nach sächlichen und personalen Tätigkeiten. Sie erlauben lediglich indirekte Rückschlüsse auf die Verteilung nach produktionsbezogenen und verbraucherbezogenen (haushaltsbezogenen) Tätigkeiten. In die verbraucherbezogenen Tätigkeiten sind dann außer den personalen Diensten auch Anteile von Handwerks- und Handelstätigkeiten einbezogen. Immerhin zeigt sich, daß in Ländern wie Japan, der Bundesrepublik, Österreich, der Schweiz oder Großbritannien 50–55% der Erwerbstätigen produktionsbezogen arbeiten und 45–50% haushaltsbezogen. In den USA, den Niederlanden und den skandinavischen Ländern ist dieses Verhältnis bereits umgekehrt. Dort arbeiten nur noch 45–50% produktionsbezogen und 50–55% haushaltsbezogen. Für alle Länder gilt, daß die produktionsbezogene Beschäftigung in den vergangenen fünfzehn Jahren teils langsamer wuchs, teils stagnierte, teils sogar zurückging, während die verbraucher- und haushaltsbezogene Beschäftigung in dieser Zeit meist zweistellige Zuwachsraten aufwies.

Das Kleine im Großen. Die Wirklichkeit des Subsidiaritätsprinzips in der Industriestruktur

Ich will hier auf eine weitere Besonderheit des Strukturwandels durch die neuen Technologien aufmerksam machen. Sowohl im Bereich der sächlichen Tätigkeiten als auch in dem der personalen Dienste ist der industrielle Strukturwandel von einer Reihe gegenläufiger Entwicklungen geprägt. Manche Beobachter stellen fest, der Aufbau von umfassenden Computer-Netzwerken führe zu einer beispiellosen Zentralisierung und Zusammenballung von Kontrollmacht. Andere Fachleute sehen genau im Gegenteil eine weitgehende Dezentralisierung, eine Zunahme von Informationskapazität und Dispositionsspielraum beim einzelnen, eine größere räumliche Streuung von Arbeitsplätzen und Wohnorten, eine Aufwertung der Peripherien gegenüber den Metropolen.

Es scheint, daß derartige Feststellungen mehr mit den besonderen Befürchtungen oder Wunschvorstellungen derer, die sie äußern, zu tun haben, als mit den Tatsachen. Denn tatsächlich gibt es viele Belege dafür, daß beides stattfindet. Man hat hier sogar tatsächlich die Wahl, eines von beiden zu bevorzugen. Das kann man am Beispiel des Telefonnetzes deutlich machen, mittlerweile ein wahrhaft globales Telekommunikationsnetzwerk mit über 500 Millionen Teilnehmern. Jeder in diesem Netzwerk kann jeden anrufen oder sagen wir fast jeden. Zugleich besteht dieses Netzwerk aus einer gigantischen Hierarchie von Vermittlungs-Zentralen, und je höher eine solche angesiedelt ist, um so größer ist ihre Eingriffs- und Kontrollmacht. Beides hängt voneinander ab. Die dezentral operierenden Benutzer und die Hierarchie der Vermittlungs-Zentralen setzen einander voraus.

Im Rahmen eines großen Inhaus-Systems oder lokalen Netzwerkes haben die Betreiber nun aufgrund dieser technischen Struktur die Möglichkeit, ihre Organisation mehr zu zentralisieren oder mehr zu dezentralisieren. Es gibt Konzerne, die sich etwas davon versprechen, die Kontrollmacht der Spitze weiter zu stärken; und es gibt andere Konzerne derselben Branchen, die sich mehr von einer weitgehenden Dezentralisierung versprechen. Die Gesichtspunkte, die dabei eine Rolle spielen, sind u. a. Effektivität und Produktivität, Motivation der Mitarbeiter durch Übernahme von Verantwortung, Kosten und Kostenersparnis, Kontrolle und die Möglichkeit, Entscheidungen wirksam in die Tat umzusetzen.

Welche dieser Ziele man mit welchem Modell am besten erreicht, ist selbst unter Organisationsentwicklern ein bißchen Glaubenssache. Es muß darüber nicht zum Glaubenskrieg kommen, zumal es auch noch ein bißchen Modesache zu sein scheint. Im vergangenen Jahrzehnt gab es einen Trend zugunsten der Dezentralisierungs-Philosophie. Gegenwärtig hat sich das Pendel wieder in Richtung Zentralisierungs-Philosophie gewendet. In der einen Richtung riskiert man leicht Verluste durch mangelhaft koordinierte Arbeit und Intransparenz infolge einer gewissen »Chaotisierung«. In der anderen Richtung entstehen Verluste durch bürokratische Erstarrung und Entfremdung zwischen Spitze und Basis. Es ist der fortwährende Pendelschwung zwischen bürokratischer Ordnung und spontaner Selbstorganisation, zwischen starren Einheitsschablonen und flexiblen, durchlässigen und anpassungsfähigen Handlungsweisen. Das sind zwei Seiten eines Zusammenhangs. Jede wirkliche Organisation ist eine Kombination aus beidem, eine Mischung aus planvoller Ordnung und spontaner Aktion, ein Zusammenspiel von starrer und flexibler Zeiteinteilung, von fester und durchlässiger Form. Die Computerisierung verstärkt die Potentiale in beide Richtungen, und sie verstärkt damit auch die Vorteile und Nachteile, die Chancen und Risiken beider Organisationstypen. Der Computer an und für sich ist ja das Miniaturmodell einer rationalistischen Ordnungsmaschine. Die Franzosen nennen ihn treffend »ordinateur«. Aber gerade aufgrund dieser seiner ordentlichen Eigenschaften kann er zum wirksamen Mittel für spontane Aktionen in der Hand autonomer Akteure werden.

Diese neue Dimension des Verhältnisses von einheitlicher Allgemein-Ordnung und individueller Einzelfall-Gestaltung hat Folgen, insbesondere für die betriebliche Organisation und damit wiederum für die Gewerkschaften. Das traditionelle »Fabriksystem«, das heute ja nicht nur in der Fabrik, sondern weitgehend auch in Büros, im Handel, bei Behörden, in Schulen, Krankenhäusern usw. vorherrscht, kann nicht länger mechanisch fortgeschrieben werden. Gefordert ist eine größere Formenvielfalt, weniger Starrheit zugunsten von mehr Beweglichkeit und Durchlässigkeit, weniger flächendeckende Einheitsvorschriften zugunsten einer betriebsnäheren Einzelfall- und Problemgerechtigkeit. Die Arbeits- und Sozialgesetzgebung sowie allgemein verbindliche Tarifregelungen muß es natürlich weiterhin geben. Bestimmte Garantien und kollektive Verhandlungsmodalitäten sind unerläßlich. Aufgrund der erweiterten Problemlagen werden sie in Zukunft sogar eher einen noch größeren Geltungsbereich abzudecken haben. Aber sie werden mehr als bisher den Charakter von Rahmenregelungen und Leitlinien annehmen müssen, durch die minimale oder maximale Grenzwerte vorgegeben werden, innerhalb derer die Beteiligten weitgehende eigene Ausgestaltungsmöglichkeiten haben, betreffe das nun die Arbeitsverträge, die Arbeitszeiten oder die Bezahlung. Das Gesetz sollte nicht dazu dienen, in autoritärer Weise allen alles bis ins kleinste vorzuschreiben. Gerade die Sicherheit allgemeiner Rahmengesetze und Tarifverträge gibt Arbeitnehmern und Betrieben im einzelnen den Freiheitsspielraum.

Eine andere Gegenläufigkeit, die sich gleichfalls am Beispiel des Telefonnetzes verdeutlichen läßt, ist die zwischen Globalisierung und Lokalisierung. Die neuen Industrien operieren, noch mehr als schon ihr Vorläufer, in weltweitem Maßstab. Die

Internationalisierung schreitet voran. Weltregionen bilden sich, in denen sich die Länder zu föderativen Wirtschaftszonen und Staatenbündnissen zusammenschließen. Die Börse wandert, Tag und Nacht computergestützt, mit real-time rund um den Globus. Manchmal könnte man sich tatsächlich einbilden, die Vision des »global village« sei Wirklichkeit geworden. Zugleich erfahren die wirklichen Dörfer hierzulande eine Wiederbelebung. Freilich sind sie nicht mehr Dörfer, die von traditionellem Landleben, von Dorfgemeinschaft und bäuerlicher Kultur geprägt sind. Sie sind Teil eines durch und durch modernisierten und zusammenhängenden Zentrum-Peripherie-Gefüges. Es sind moderne kleine Wohnorte im Grünen. Aber auch in den urbanen Zentren erfahren Gemeinde und Stadtteil, Kiez und Nachbarschaft eine Wiederaufwertung. Und während sich die europäischen Nationen regruppieren, sind allerorten regionalistische Unabhängigkeitsbestrebungen am Werk, von den Armeniern und Baltikumsvölkern bis zu den Basken und Nordiren.

Gewiß sind dies ein Stück weit Gegenbewegungen im Sinne des Protestes der kleinen Einheit gegenüber der großen. Aber zugleich sind sie auch das ergänzende Gegenstück. Ohne den großen Rahmen stünde die Eigenständigkeit der kleinen Einheit auf kürzeren Beinen als man zum Gehen braucht. Eine moderne Gesellschaft kann nicht aus Abertausenden Andorras bestehen. Aber natürlich gilt genauso, daß ohne die vitale Eigendynamik der kleinen Einheit der große Rahmen bloß der sprichwörtliche Koloß auf tönernen Füßen wäre. Überhaupt ist der große Rahmen ja kein Selbstzweck, sondern soll – wie beim Telefon – Mittel und Vermittler sein und zwar im Interesse der kleinen Einheiten, auf denen das Ganze schließlich aufbaut und von denen es lebt. Das politische Prinzip, das mit diesen Tatsachen voll und ganz übereinstimmt, ist das Subsidiaritätsprinzip. Der Modernisierungsschub durch neue Techniken und Industrien bedeutet einen Entfaltungsschub des Großen und

Kleinen zugleich, des Globalen und des Lokalen zusammen – und eben damit eine machtvolle Bestätigung und Erneuerung des Subsidiaritätsprinzips.

Technische Umwälzungen, Umschichtungen am Arbeitsmarkt

Der Chip als »Jobkiller«?

Ein weitverbreitetes Vorurteil nennt den Chip »Jobkiller«. Das Lamento über die zunehmende Automatisierung der Arbeit – Maschinen statt Menschen würden die Arbeit tun – mündet dann zwangsläufig in die Schlußfolgerung, deshalb gehe der Arbeitsgesellschaft die Arbeit aus. Dies ist eine Aneinanderreihung von Teilwahrheiten mit einem völlig verkehrten Schluß. Das Gegenteil ist richtig. Die Gesellschaft bleibt, mehr denn je, Arbeitsgesellschaft. Allenthalben entstehen zusätzliche Arbeitsplätze. Die gegenwärtige Arbeitslosigkeit hat viele Gründe, technische am wenigsten.

Fast alle Arbeitsplätze werden zunehmend technisiert. Besonders im produzierenden Gewerbe werden viele Tätigkeiten teilweise oder vollständig automatisiert. Das betrifft vor allem Fertigung und Montage, zum Beispiel bei der Herstellung von Automobilen, Büromaschinen oder Haushaltsgeräten. Das kann in der Praxis so aussehen, daß an dem Platz, an dem zuvor fünf oder sechs Arbeiterinnen unter Aufsicht eines Leiters Drähte und Teile zusammenlöteten, diese Arbeit nun von einer automatischen Anlage ausgeführt wird, die von einem Anlagenführer kontrolliert und von einem Ingenieur betreut wird. Hier werden also mehrere Plätze für un- oder angelernte Tätigkeiten durch einige wenige höher qualifizierte Arbeitsplätze ersetzt.

Der erwähnte Fall ist einigermaßen typisch. Dennoch heißt das noch lange nicht, daß unterm Strich weniger Arbeitsplätze vorhanden sind. Denn dieses Beispiel betrifft ja die Produktion im engeren Sinn, wo ohnedies nur die Minderheit der Erwerbstätigen beschäftigt ist. Es kann sein, daß schon im selben Unternehmen im Zuge der erwähnten Rationalisierung unterm Strich mehr Menschen beschäftigt sind – freilich in anderen Abteilungen, und mit anderen Aufgaben: Verwaltung, Planung, Forschung und Entwicklung, Personalwesen, Vertrieb, Marketing und Finanzierung.

Der sinngemäß gleiche Vorgang wiederholt sich auf gesamtwirtschaftlicher Ebene: Die Beschäftigung im produzierenden Gewerbe mag langsamer wachsen, stagnieren oder teilweise sogar zurückgehen, die Arbeitsplätze in den Sektoren der sächlichen und vor allem der personalen Dienstleistungen wachsen weiter. Eine Studie der Prognos AG kam beispielsweise zu dem Ergebnis, daß man auch bei zurückhaltenden Annahmen davon ausgehen kann, daß in den kommenden zwanzig Jahren die Beschäftigtenzahlen in den privaten Haushalten um die Größenordnung von 60% wachsen werden, beim Staat um 40%, in Bildung, Wissenschaft und Kultur um 30%, bei Banken und Versicherungen um 20%. Dagegen sind Abnahmen zu erwarten etwa in der Eisen- und Stahlindustrie um 40%, in Autoindustrie und Baugewerbe um 30%, in Bergbau, Land- und Forstwirtschaft um weitere 25%, in der Elektro-, Verbrauchsgüter- und Nahrungsmittelindustrie um 20%.[1]

Unterm Strich wächst die Gesamtzahl der Arbeitsplätze. Selbst in den vergangenen zehn Jahren – also in den Jahren der hohen strukturellen Arbeitslosigkeit – nahm die Beschäftigtenzahl in fast allen westlichen Industrieländern um 5–10% zu, in den USA sogar um 26%.[2] Die Behauptung, hierbei

[1] WiWo, Nr. 18, 1986 (D)
[2] ZEIT/Globus, Nr. 50, 1985 (D)

handle es sich um schlechte Beschäftigungen bei Hamburger-Ketten, ist nachweislich unwahr. Diese Jobs gibt es zwar auch, aber die meisten der neuen Arbeitsplätze sind im Bereich der Finanzdienste, der öffentlichen Verwaltung und der personalen Dienste entstanden, und sie sind höher qualifiziert und besser bezahlt als der Durchschnitt.[1]

Eine vorübergehende Ausnahme machten lediglich Großbritannien, die Bundesrepublik und die Schweiz. In diesen Ländern war die Gesamtbeschäftigung Ende der 70er, Anfang der 80er Jahre um 1–3% gesunken. Eine Studie des Bundesforschungsministeriums kam zu dem Ergebnis, daß in der Bundesrepublik zwischen 1973 und 1980 durch technische Neuerungen 650000 Arbeitsplätze geschaffen wurden und 875000 verloren gingen.[2] Gleichzeitig wurde der Zustrom in den Bereich der Dienstleistungen, insbesondere der personalen Dienste, zunehmend blockiert. Heute hat die Bundesrepublik im Vergleich zu den anderen fortgeschrittenen Industrieländern auf dem Gebiet der personalen Dienste ein regelrechtes Defizit. Jedoch hat sich die Gesamtlage mittlerweile zu ändern begonnen. Die Zahl der Beschäftigten ist seit 1984 wieder gestiegen.

Die meisten der Studien, die sich mit den Auswirkungen der elektronischen Revolution beschäftigen und dabei einen mehr oder weniger dramatischen Rückgang der Erwerbsmöglichkeiten voraussagen, begehen den Fehler, nur Veränderungen in bestimmten Abteilungen der industriellen Produktion zu untersuchen und dabei die Zuwächse in anderen außer acht zu lassen, ebenso nur Landwirtschaft und produzierendes Gewerbe zu betrachten und dabei ihren Zusammenhang mit sächlichen und personalen Diensten zu ignorieren. So sehen sie nur die Seite des Abbaus, die Seite der Substitution von mensch-

[1] Lester C. Thurow, *ZEIT*, Nr. 22, 1988 (D)
[2] *Soz. pol. Inf.* 20. 9. 85 (D)

licher durch maschinelle Arbeit und der Zerstörung alter Arbeitsplätze. Die Seite des Aufbaus neuer Berufe und Arbeitsplätze an anderer Stelle verkennen sie. Deshalb verkennen sie auch die wahre Natur des Strukturwandels: den schöpferischen Umbau. Die Möglichkeit, Betätigungsfelder zu erschließen oder vorhandene Tätigkeiten in Erwerbstätigkeiten zu verwandeln, ist im Prinzip grenzenlos.

Man stößt hier im Hinblick auf die Arbeitsmarktstruktur auf ein gleiches Muster wie schon bei der Struktur der Industriesektoren oder dem geopolitischen Gefüge. Dort war festzustellen, daß es nicht weniger Sektoren und Zentren gibt, sondern mehr. Deren Verhältnis zueinander verschiebt sich aber beträchtlich. Genauso am Arbeitsmarkt. Es entstehen nicht weniger, sondern mehr Berufe und Arbeitsplätze, und zwischen ihnen gehen Verwerfungen erheblichen Ausmaßes vor sich. Wiederum entspricht der Vorgang weniger der Schumpeterschen »schöpferischen Zerstörung«, als mehr einer erweiterten Rekonstruktion, einem Umbau, bei dem in der Tat dem Aufbau neuer Arbeitsplätze und Berufe ein gewisser Abbau von alten gegenübersteht.

Für manche der Betroffenen ist das ein schwerer Schicksalsschlag. Wenn zum Beispiel jemand ein gewisses Alter überschritten hat, keine abgeschlossene Berufsausbildung hat, vielleicht im Bergbau oder der Stahlindustrie arbeitet, womöglich noch in einer strukturschwachen Region und unter diesen Voraussetzungen von einer Entlassung betroffen wird, dann sieht es wahrlich düster aus. Niemand sagt, der Strukturwandel sei harmlos. Er verlangt von allen Beteiligten, freiwillig oder gezwungenermaßen, große Anstrengungen und schmerzhafte Anpassungsleistungen. Vertrautes und Gewohntes muß aufgegeben werden, um sich auf ungewisses und unsicheres neues Terrain zu begeben, sei es beruflich, örtlich, schließlich auch menschlich. Das allerdings gibt es nicht erst seit heute. Verglichen damit, was unsere Eltern- und Großelterngenerationen an diesbezüglichen Modernisierungsschüben wegzustecken hatten, ist die Lage heute, im Zeitalter der Sozialpläne und Arbeitslosenunterstützung, der Umschulungs- und Beschäftigungsmaßnahmen, schon nicht mehr ganz so schwierig. Das soziale Netz verhindert zwar nicht den Sturz ins Ungewisse, aber es federt und mildert den Sturz. Es nimmt dem Strukturwandel die früher vorhanden gewesene Gefahr der existentiellen Zerstörung.

Mancher mag sich fragen, wozu das Ganze? Müssen wir denn unbedingt modernisieren? Die Frage ist müßig. Wir müssen. Wir haben Optionen auf verschiedene Entwicklungspfade, aber nicht die Option, mit der Modernisierung aufzuhören und aus dem weltgeschichtlichen Entwicklungsprozeß auszusteigen. Würden wir in unseren Anstrengungen nachlassen, so wäre das Ergebnis lediglich, in die Abhängigkeit und Armut einer »Bananenrepublik« abzusinken. Wer dagegen den Strukturwandel rechtzeitig mitvollzieht, hat die wenigsten Schwierigkeiten und die meisten Vorteile. Man sieht das sowohl am Beispiel der beruflichen Qualifizierung wie auch an den regionalen Verschiebungen. Die Hälfte der Arbeitslosen ist ohne abgeschlossene Berufsbildung. Fachkräfte dagegen, zumal wenn sie sich im Bereich neuer Techniken oder neuer Dienste fortqualifizieren, sind in aller Regel gefragt. Genauso stehen die Regionen, in denen neue Industrien und Dienstleistungen sich häufen, vergleichsweise gut da. In diesen Regionen ist die Arbeitslosenquote deutlich niedriger als sonst. Das hat mit einer Reihe von Koppelungs- und Sickereffekten zu tun. Steigende Umsätze in dynamischen Industriezweigen schaffen neue Nachfrage im Umfeld, von Zuliefer-Produktionen über öffentliche Infrastruktur-Leistungen bis zu Freizeit-Dienstleistungen.

Ein Königsweg zur Überwindung der Arbeitslosigkeit ist technische Innovation allerdings nicht. Sowenig sie der einzige Faktor ist, der beim Zustandekommen von Arbeitslosigkeit eine Rolle spielt, sowenig kann sie in Alleinwirkung Vollbeschäftigung herbeiführen. Zu den Hauptursachen der Arbeitslosigkeit der letzten Jahre gehört nach wie vor das vergleichsweise geringe Wachstum im Zuge der Großen Stagnation der Weltwirtschaft. Inwiefern ein Teil der Arbeitslosigkeit tatsächlich daher kommt, daß die Produktivitätsrate die Wachstumsrate generell übersteigt, bleibe hier einmal, mangels brauchbarer Untersuchungen, dahingestellt. Wiederum dürfte dies nur für ganz bestimmte Sektoren gelten. Denn im allgemeinen geht die Steigerung der Produktivität mit einer Steigerung des Mengen- und Wertwachstums Hand in Hand. Sie stagnieren auch Hand in Hand. Trotz Computer und Telekommunikation schreitet der technische Fortschritt unter den Bedingungen der Großen Stagnation vergleichsweise gemächlich voran. Die Produktivitätszunahme beträgt heute bestenfalls noch die Hälfte, meist nur ein Viertel dessen, was während der Wirtschaftswunderjahre üblich war. Freigesetzte Arbeitskräfte wurden bzw. blieben damals infolge des Mengenwachstums absorbiert. Schon in den 50er und 60er Jahren waren Landwirtschaft und Kohlebergbau von einer schweren Strukturkrise betroffen. Viele Menschen verloren ihren Arbeitsplatz – und fanden einen neuen. Niemand wäre auf die Idee gekommen, der Arbeitsgesellschaft könnte die Arbeit ausgehen.

Heute fehlt es generell an Wachstum, besonders an qualitativem Wachstum, also an Wachstum nicht so sehr durch Mengenausweitung, als vielmehr durch Wertsteigerung. Überhaupt sind beschäftigungsdienliche *und* umweltverträgliche Zuwächse nur noch auf diesem Wege darstellbar. Solange der Strukturwandel nicht auch eine entschiedene umweltpolitische Wende mit einschließt, eine auch ökologische Modernisierung, verbietet es sich geradezu, unbesonnen auf noch mehr Wachstum zu setzen. Hätten wir dagegen zum Beispiel eine ökologische Landwirtschaft, so wäre jedes Prozent Wachstum dieser Landwirtschaft hoch willkommen, denn es würde nicht nur

Wachstum des Bruttosozialproduktes, sondern auch einen Zuwachs an gesunder kultivierter Umwelt bedeuten.

Die positiven Arbeitsmarkteffekte der neuen Techniken überwiegen die negativen bei weitem. Die Behinderung oder gar Hintertreibung des Strukturwandels richtet dagegen nicht nur beschäftigungspolitisch erheblichen Schaden an. Vorausgesetzt, daß der Strukturwandel auf betrieblicher und politischer Ebene abgefedert und sozialverträglich gestaltet wird, ist er beschäftigungs- und sozialpolitisch grundsätzlich zu bejahen.

Wandel der Arbeitswelt, Wandel der Sozialstruktur

Der industrielle Strukturwandel durch die neuen Techniken verändert die Arbeitswelt. Die unmittelbaren Fertigungstätigkeiten nehmen ab, und alle anderen, von der Produktionsplanung bis hin zu den personalen Diensten, nehmen zu. Dies bedeutet nicht nur eine Veränderung des Arbeitsgegenstandes, sondern auch eine beträchtliche Veränderung des konkreten Arbeitslebens, der Art und Weise zu arbeiten, der sinnlichen Qualität der Arbeit.

Ein Aspekt dieser Veränderungen, vielleicht der wichtigste, läßt sich auf die Formel bringen »weniger Handarbeit, mehr Kopfarbeit«. Körperliche Schwerarbeit, gefährliche Arbeit, maschinell monotone Arbeit u. ä. wird zunehmend durch Maschinen und automatisierte Anlagen ersetzbar. Schritt für Schritt werden sie im Arbeitsalltag tatsächlich ersetzt. Die neuen Tätigkeiten im Umfeld einer solchen Produktion sind dann anders geartet. Forschen, konstruieren, ausbilden, informieren, planen, organisieren, verwalten, sichern, kontrollieren oder leiten, alles das sind Tätigkeiten, bei denen man nicht mehr mit starker Faust den schweren Hammer sausen läßt.

Statt dessen wird der Gegenstand des Tuns oft nurmehr symbolisch repräsentiert, durch Worte, Zahlen und Bilder, etwa in Form von Plänen, Berichten und anderen Unterlagen.

Zwischen die Arbeitenden und die Gegenstände ihrer Arbeit treten immer komplexere technische und organisatorische Strukturen. Wie die Welterfahrung überhaupt, ist auch die Arbeitserfahrung nur noch zum geringen Teil eine unmittelbare, zum größeren Teil dagegen eine vermittelte. Sie wird mit einer Fülle technischer und methodischer Mittel getan, und ihre Wirkungen bekommt man mehr oder weniger vermittelt und indirekt zu spüren. Die konkrete Gesamtheit der Arbeitswelt ist mit einer gewissen Abstraktifizierung der Arbeit im einzelnen verbunden. Diese Abstraktifizierung ist Folge der allgemeinen Technisierung und Verwissenschaftlichung. Die Technisierung und Verwissenschaftlichung der Arbeit kommt, in Gestalt installierter Systeme und vorgeschriebener Methoden, auch bei unqualifizierten Arbeiten zum Tragen.

Damit verändern sich außer den fachlichen Qualifikationen auch andere Anforderungen an die Arbeitskräfte. Gefragt sind nicht nur operative Fähigkeiten, sondern ebenso ko-operative. Es genügt nicht mehr, etwas einfach zu tun, man muß es den Kollegen, Vorgesetzten und Mitarbeitern gegenüber auch kommunizieren. Man muß sich mitteilen und verständlich machen. Es genügt nicht mehr, ordentlich zu sein, man muß auch ko-ordinativ mitdenken und sich praktisch koordinieren. Neben den technischen bzw. fachlichen Aspekten der Arbeit gewinnen die sozialen an Bedeutung. Viele Tätigkeiten mögen körperlich leichter geworden sein. Dafür sind sie körperlich einseitiger geworden. Wer immer nur am Schreibtisch oder vor dem Bildschirmgerät sitzt, kann auf körperliche Ausgleichstätigkeit in der Freizeit praktisch nicht mehr verzichten. Vor allem aber die psychischen Beanspruchungen haben enorm zugenommen – lang andauernde Konzentration, mehr Verantwortung, kognitive Leistungsanforderungen und seelische Belastungen. Für die allermeisten Erwerbstätigen ist ihre Arbeit nicht mehr »Maloche«. Dafür ist sie »Streß«.

Demoskopische und betriebspsychologische Umfragen zeigen, daß die Erwerbstätigen sich dieser Veränderungen vollauf bewußt sind. Sie wägen Vorzüge und Nachteile bewußt gegeneinander ab. Interessant dabei ist, daß eine negative Bilanz nur dort vorliegt, wo man keine eigenen Erfahrungen mit den Veränderungen durch neue Techniken gemacht hat. Man fürchtet den Computer, so lange man ihn nur vom Hörensagen kennt. Sobald man eigene Erfahrungen mit dem technikbedingten Strukturwandel macht, wird die Bilanz – trotz mehr Streß – positiv. An Arbeitsplätzen, die von neuen Techniken geprägt sind, ist die Arbeit im Urteil der dort Tätigen selbständiger und abwechslungsreicher als an anderen Arbeitsplätzen. Die Arbeit macht mehr Spaß, weil man mehr dazulernt und man auf interessante Weise mehr gefordert und beansprucht wird. Eintönigkeit dagegen ist ein Merkmal, das herkömmlichen Arbeitsplätzen doppelt so häufig zugeschrieben wird wie den durch neue Techniken modernisierten.

Wiederum sei betont, daß all dies für personale Dienste nicht weniger gilt als für Produktionstätigkeiten oder Lastwagen fahren. Auch die personalen Dienste sind heute nicht nur teilweise hoch technisiert, wie in der sprichwörtlich gewordenen »Apparate-Medizin«, sondern darüber hinaus auch allesamt hochgradig verwissenschaftlicht. Nicht umsonst legen die Fachkräfte im Bildungs- und Gesundheitswesen auf die Beachtung und Anerkennung ihrer fachlichen Qualifikationen großen Wert.

Insgesamt steigen damit die allgemeinen Anforderungen an Wissen und Qualifikation. Entgegen einem weitverbreiteten Vorurteil machen die »intelligenten Technologien« menschliche Intelligenz nicht überflüssig, sondern setzen sie auf einem hohen Niveau voraus. Tatsächlich ist der Anteil an un- und angelernten Tätigkeiten rückläufig, während die Fachtätigkeiten und ihre Qualifikationserfordernisse zunehmen. Entsprechend steigt das gesamte Bildungsniveau der Bevölkerung. Während 1960 nur ein Viertel der Jugendlichen auf Realschulen und Gymnasien gingen, sind es heute bereits zwei Drittel. Die Hauptschüler, aber nicht nur sie, absolvieren häufiger als früher eine Lehre. Es besteht ein lang anhaltender Trend zu höheren Bildungsabschlüssen. Im Beruf selbst ist Fort- und Weiterbildung fast schon zur Selbstverständlichkeit geworden.

Es ist angesichts dieser Tatsachen unverständlich, weshalb immer wieder die *Polarisierungs-These* in die Diskussion gebracht wird. Diese These besagt, durch die neuen Techniken würden Facharbeiter und qualifizierte Tätigkeiten in den mittleren Rängen wegrationalisiert. Übrig blieben eine kleine Minderheit von Funktionseliten, als die neuen Techno-Lords, eine Mehrheit von degradierten Knöpfchendrückern, als die neuen Techno-Bauern, und eine Masse von überflüssigen Arbeitslosen und neuen Almosenempfängern. Noch niemals konnte diese These in der Realität der Industriewelt bestätigt werden. Es ist ähnlich wie mit den »Hamburger Jobs«. Sicherlich kann es sein, daß es da und dort zu Dequalifizierungen kommt. Das braucht man weder bestreiten noch verniedlichen. Sogar ehemalige Arbeiter-Aristokratien wie die Schriftsetzer sind davon betroffen. Die neuen Techniken im Druckereigewerbe haben das traditionelle Berufsbild des Schriftsetzers obsolet werden lassen. Aber die Betroffenen haben gleichzeitig die Chance, sich zu NC-Maschinen- und Anlagenführern fortzubilden. Damit erreichen sie eine deutlich verbesserte Qualifikationsstufe, auf der das weiterhin benötigte Schriftsetzerwissen und das neue informations- und produktionstechnische Wissen eine höherwertige Verbindung eingehen. In vergleichbarer Weise ändert sich z. B. auch das Berufsbild des technischen Zeichners. Durch CAD (computer aided design) erweitert es sich in Richtung Detailkonstrukteur.

Gestärkt wird auf diese Weise der Wandel der Sozialstruktur

von der ehemaligen Klassengesellschaft zur Mittelschichtsgesellschaft. Geprägt wird diese Gesellschaft vor allem von den sogenannten neuen Mittelschichten. Im Unterschied zu den alten Mittelschichten wie kleinen Gewerbetreibenden oder klassischen freien Berufen (Arzt, Rechtsanwalt) setzen sich die neuen Mittelschichten aus Arbeitnehmern zusammen. Es sind qualifizierte Fachkräfte, von gelernten Facharbeitern bestimmter Berufsgruppen bis zu den leitenden Angestellten, die zu den neuen Mittelschichten gehören. Sie bilden tendenziell die Mehrheit der Bevölkerung, sofern sie diese nicht heute schon darstellen.

Die neuen Mittelschichten haben ein anderes Berufsethos, eine andere Lebensauffassung und ein anderes politisches Verhalten. Aus ihrer Mitte kommt die zunehmende Zahl der Parteiungebundenen und Wechselwähler. Den überkommenen Lagermentalitäten fügen sie sich nicht. Dafür bilden sie neue. Die wichtigste dieser neuen Lagerbildungen betrifft den Unterschied der »zwei Kulturen«, die wachsende Kluft zwischen den technischen und kaufmännischen Berufen auf der einen Seite, und den sozialen und kulturellen Berufen auf der anderen. Ihre unterschiedlichen Interessen resultieren aus dem Unterschied von sächlichen und personalen Tätigkeiten. Der Umbau von Marktwirtschaft und Sozialstaat hängt mit dem Verständnis der technikberuflichen und sozialberuflichen neuen Mittelschichten aufs engste zusammen.

Gewiß wird auch die Ausbreitung der neuen Mittelschichten an Grenzen stoßen. Früher sagte man, der wesentliche Qualifikationsnachweis bestehe darin, aufrecht durchs Werktor zu schreiten. Heute wird allenthalben nach der berühmten Olympiaqualifikation gefragt. Aber auch in Zukunft werden nicht nur Arbeitskräfte mit Olympiaqualifikation benötigt. Im sächlichen wie im personalen Bereich bleibt eine Fülle einfacher Aufgaben. Viele dieser Aufgaben wurden im vergangenen Vierteljahrhundert von ausländischen Arbeitskräften erledigt, aber zum Beispiel auch von Hausfrauen oder ehrenamtlichen Gemeindehelferinnen. Mit ihrer zunehmenden Berufstätigkeit gehen die Frauen nun einen ähnlichen Weg wie die Männer, und die Ausländer werden im Zuge ihrer Integration voraussichtlich einen gleichen Weg gehen wie die Einheimischen vor ihnen, nämlich den Weg zu einer anspruchsvolleren Berufstätigkeit mit besserer Bezahlung. Die vorauszusehende Folge davon ist, daß das offizielle Erwerbsleben weiterhin zunehmend von Fachtätigkeiten bestimmt sein wird, während einfachere Tätigkeiten in einem noch höheren Maß als heute in die Schattenwirtschaft und vor allem die Eigenarbeit übergehen. Dies betrifft nicht zuletzt den Bereich der Erziehungs-, Betreuungs- und Pflegetätigkeiten. Selbsthilfe, Ehrenamt und freiwilliges soziales Engagement spielen in diesem Bereich schon immer eine große Rolle. In Zukunft werden sie eine noch größere Rolle spielen.

Mehr Technik, mehr Politik

Die bisherigen Erörterungen zu den sozialen Bedingungen und Wirkungen der Technik haben deutlich werden lassen, daß die wissenschaftlich-technische Entwicklung nicht sich selbst überlassen werden darf. Die Technokratie-These erweist sich als wirklichkeitsfremd. Was an Koordination, an Rahmengesetzen, an Kooperation zwischen Unternehmen und Staat, an öffentlicher Meinungs- und Willensbildung, nicht zuletzt an Sinngebung und ethischer Rückbindung der Vorgänge erforderlich ist, nimmt mit jedem Innovationsschub nicht etwa ab, sondern erheblich zu. Je weiter die Technisierung der Gesellschaft voranschreitet, um so mehr Politik muß gemacht werden. Wissenschaftliches Kalkül kann Politik unterstützen, aber es wird niemals demokratische Willensbildung ersetzen und den normativen Entscheidungsbedarf aufheben können.

Nun wird man den normativen Entscheidungsbedarf und die demokratische Willensbildung mit Recht auseinanderhalten. Auch ein diktatorisches Regime kann die nötigen Sollsetzungen und Entscheidungen treffen. Ein Teil der Technokratie-Ängste ging ja in diese Richtung, etwa in Orwells »1984«, der Vision eines technikgestützten totalitären Staates. Es ist von da wiederum nur ein Schritt, sich vorzustellen, das menschliche Diktat werde durch ein maschinelles ersetzt. Der Computer werde so de facto doch die Regierung übernehmen, ähnlich wie heute schon militärische Einsatzentscheidungen von Computer-Vorentscheidungen mit abhängen. Die gegenwärtigen Entwicklungen in Ost und West haben solche Ängste bisher eher Lügen gestraft als bestätigt. Glücklicherweise. Sie sind dennoch ernst zu nehmen und zwar auf Dauer. Solange die neuen Techniken vorhanden sind, wird auch ihr Mißbrauchspotential bestehen. Der Auftrag, Demokratie ständig neu zu beleben, sie sich immer wieder aufs neue zu erarbeiten, wird durch die neuen Techniken bestärkt und erweitert.

Die Technik selbst kann dabei eine gewisse Rolle spielen, zum Beispiel wenn es darum geht, Codes und Daten zu schützen, die Privatsphäre zu schützen u. ä. Zweifelhaft dagegen ist die Vorstellung der plebiszitären Knopfdruck-Demokratie: Wenn erst einmal alle Haushalte für Zwei-Wege-Telekommunikation ausgerüstet wären, was ja im Grunde schon weitgehend der Fall ist, könnte man per Knopfdruck jederzeit Sofortwahlen abhalten: »Instant vote«, wie »instant coffee«. Worum immer es geht, zu allem könnte man sofort unverbindliche Meinungsbilder erstellen, wie in »Pro und Contra«, und auch verbindliche Volksbefragungen und Volksabstimmungen durchführen.

Wer eine solche Vorstellung verlockend findet, verkennt ihre Wirklichkeit. Tatsächlich wären Knopfdruck-Sofort-Wahlen eine große Gefahr für die Demokratie. Einfachste Spielregeln würden verletzt, so das Recht auf geheime Wahlen. Die Angehörigen im Haushalt ebenso wie der hypothetische »Große Bruder« in der Schaltzentrale könnten genau kontrollieren, wer wie wählt. Die demagogische Mißbrauchsproblematik des Plebiszits – Volksaufhetzung, gezielte Falschinformation, kurzschlüssige Stimmungswahl, verfassungswidrige Beschlußfassung – würde um ein Vielfaches verstärkt. Mit den neuen Techniken nimmt das Ausmaß an übermittelten Nachrichten und Informationen zu. Überinformation – information overload wie die Amerikaner sagen – wird zu einem Problem. Mit der Informationsmenge wächst auch der Informationsmüll. Manchmal hilft nur noch eins – abschalten: Apparat aus, Kopf frei. Auch ein großer Papierkorb ist unentbehrlich. Aber selbst wenn man sich um einen möglichst ausgewogenen und aktuellen Informationsstand bemüht, man bleibt hoffnungslos selektiv. Kein Sterblicher kann im Alleingang die geballte Mächtigkeit der Papierberge der Dossiers und Aktengebirge überwinden. Die Gefahr, miß- und desinformiert zu sein, ist ständig vorhanden.

Auch wird durch die neuen Techniken das Angebot an vermarkteter Information erhöht, sei es auf dem Wege des kommerziellen Rundfunks und Fernsehens, oder auf dem Wege papierner und elektronischer Dokumentations- und Informationsdienste. Gut informiert zu sein, die richtigen Informationen zum richtigen Zeitpunkt zu bekommen, verlangt mehr denn je gute Organisation und das nötige Geld dafür. Die Ungleichverteilung wertvoller Information wird eher festgeschrieben als aufgelöst. Nur ist auch dies im Grunde kein neues Problem. Es handelt sich um die weitere Übertragung der Knappheitsökonomie aus dem Bereich der sächlichen Sektoren in die Dienstleistungssektoren. Öffentliche Kontroll- und Korrekturfunktionen wurden hier schon in der Vergangenheit ausgeübt, und das wird auch in Zukunft so sein müssen. Die bei weitem wichtigsten dieser Funktionen gelten der Rahmengesetzgebung oder auch öffentlichen Kontrolle des Bildungswesens und des Mediensektors.

Mir scheint allerdings, daß man den sogenannten neuen Medien, d. h. der Technologie, in den vergangenen Jahren zu große Bedeutung eingeräumt hat. Denn die Veränderung in unserem kulturellen Umfeld ist bisher vor allem eine quantitative. Es gibt mehr Zeitschriften, mehr Rundfunk- und mehr Fernsehprogramme, mehr vom Gleichen, nichts wirklich anderes, allenfalls weniger Klassik und mehr Popmusik. Es sei hier einmal offengelassen, ob das eine beruhigende oder eine beunruhigende Feststellung ist. Es ist also letztlich weniger die Technologie ausschlaggebend für den Entwicklungsstand als vielmehr die Kultur, in die sie eingebettet ist – national, international und regional, die politische Kultur, die Alltagskultur, die Hochkultur. Die kulturelle »Software«, nicht die technisch-institutionelle »Hardware« bestimmt, wie Wissen und Bewußtsein innerhalb einer Nation sich entwickeln.

Andererseits kann Technik durchaus ein bestimmender Faktor sein, wenn bestimmte grundgesetzliche Rechte und Freiheiten bedroht sind. Mit dem Siegeszug des Computers hat auch die Computerkriminalität zugenommen, die elektronische Entwendung fremden Eigentums, der informationelle Einbruch in Privatangelegenheiten, schließlich der Lauschangriff in den eigenen vier Wänden. Diese Gefahren sind grundsätzlich kaum aus der Welt zu schaffen, sowenig wie Vergehen und Verbrechen sonst. Aber gewiß kann man sie mit vielerlei vorbeugenden und verfolgenden Maßnahmen eindämmen. Das beginnt mit weitgehenden Datenschutzgesetzen und ihrem wirksamen Vollzug, und zwar von der häuslichen und privaten Sphäre über die berufliche und betriebliche Ebene bis zu den Dateien der Behörden, Banken und Versicherungen. Solche Privatverträge, Betriebsvereinbarungen und Gesetze dürfen jedoch niemandem eine Handhabe bieten, Informationen vorzuenthalten und zu hintertreiben. Es kommt immer wieder vor, daß gewisse Stellen den Datenschutz als Vorwand mißbrauchen, um Informationen, die sie, aus welchen Gründen auch immer, lieber für sich behalten möchten, nicht herausrükken zu müssen. Eine Informationsgesellschaft ist auf optimalen Fluß und Zugänglichkeit von Informationen angewiesen. Wir dürfen nicht die Information unterdrücken, sondern müssen ihren Mißbrauch verhindern.

Wer mit geschützten Daten zu tun hat, weiß, daß hier ein neuer Zielkonflikt besteht, besser gesagt ein schon vorhandener Zielkonflikt eine neue Dimension bekommt. Es handelt sich um den Konflikt zwischen Sicherheit und Freiheit. Ein Übermaß an datenrechtlicher Sicherung ebenso wie ein Übermaß an technischer Sicherung, kann de facto in Freiheitsbeschneidung ausarten, um nicht von Freiheitsberaubung zu sprechen. Der Schutz kann kontraproduktiv werden, das heißt, er kann die Freiheit, die geschützt werden soll, seinerseits bedrohen. Was muß man in sogenannten sicherheitsempfindlichen Zonen nicht alles an Prozeduren über sich ergehen lassen, um drei Schritte zu tun! Man kann alles übertreiben, sogar die im Prinzip wohlbegründete Sorge, alle möglichen Risiken für Freiheit, Leib und Leben auszuschalten. Im Interesse persönlicher Freiheit und Verantwortung muß man einen Bereich zumutbarer Risiken tolerieren.

Tele-Alltag und Roboter, Teil des modernen Lebens

Man hat viel darüber spekuliert, wie die neuen Techniken das Alltagsleben in Haushalt und Familie, das Freizeitverhalten, überhaupt die moderne Lebensweise verändern werden. Das beginnt ja mit der Sorge um die »Droge im Wohnzimmer«, die Fernsehsucht. Gerade bei Kindern und Jugendlichen weitet sich das Suchtverhalten sehr schnell auch auf Video und Computer aus. Wirklichkeitsverlust und seelische Verkümmerung könnten die Folge sein. Statt in der wirklichen Welt zu leben, flüchten sich die Menschen in die »sekundäre Wirklichkeit« der Video- und Computerwelt. Aufgrund ihres »maschinellen Charakters« und ihrer »technikzentrierten Persönlichkeitsstruktur« würden sie das vielleicht nicht einmal mehr als Verlust und Mangel erleben, so die Befürchtungen einiger Experten.

Es ist wohl nicht zu bestreiten, daß Gefahren in dieser Richtung bestehen. Besonders wenn Kinder Tag für Tag nur vom Fernsehen »betreut« werden, muß man sich nicht wundern, wenn diese Kinder später zu problematischen Menschen heranwachsen, die zu sozialen Problemfällen werden. Zugleich soll man diese Eigenschaften der Medien nicht zur schicksalhaften Macht hochstilisieren. Schließlich bieten auch gute Schulbücher oder Goethes Werke nichts anderes als »sekundäre Wirklichkeit«, das heißt etwas mittelbar Repräsentiertes, nicht etwas unmittelbar selbst Erlebtes. In einer Welt, die den individuellen Horizont jederzeit weit übersteigt, sind wir auf Informationen aus zweiter Hand geradezu angewiesen. Wenn wir nur das wüßten, was wir selbst erleben, was wir mit eigenen Augen direkt sehen und mit eigenen Händen zu fassen bekommen, könnten wir uns in dieser komplexen Welt niemals angemessen orientieren. In den 50er Jahren, als das Fernsehen eingeführt wurde, gab es eine ähnliche Debatte mit den gleichen Argumenten. Es hat sich gezeigt, daß in diesem Fall der sozialverträgliche Technikgebrauch offenbar gut gelungen ist. Die Gefahren des Massenrundfunks und Massenfernsehens wurden eingedämmt, und insgesamt haben die »neuen Medien« von gestern das gesellschaftliche Leben doch wohl mehr erweitert und bereichert, als daß sie zu seiner Verarmung beigetragen hätten.

Das wohl am weitesten gehende Szenario spielt in einer neuen Ära der Heimarbeit mit elektronischen Mitteln, der Telearbeit. Sobald ein Arbeitsplatz einmal ein Telefon- und Bildschirmarbeitsplatz geworden ist, läßt er sich – technisch gesehen – an beliebige Orte verlegen, unter anderem auch nach Hause. Diverse Studien stellten fest, daß 30–40 Prozent der Arbeitsplätze in Sparten wie Verwaltung, Management, Forschung und Entwicklung, Konstruktion, Planung und Außendienst telearbeitsverdächtig seien. Das setzt Phantasie frei: Die Trennung von Arbeits- und Wohnstätte werde wieder aufgehoben, die Arbeit kehre nach Hause zurück. Die Menschen würden nicht mehr zur Arbeit fahren, sondern die Arbeit per Telekommunikation zu den Menschen kommen. Man könnte sich seine Zeit besser einteilen. So würden Haushalt und Familie wieder zum unangefochtenen Zentrum des Lebens. Das Gemeinschaftsleben würde sich verbessern. Insbesondere die Frauen würden von der neuen Heimarbeit profitieren und mit ihnen Kinder und Alte.

Dieses Szenario schönt die Wirklichkeit wohl ein wenig. Andere Beobachter der Szene, besonders Frauen aus Gewerkschaftskreisen, stellten zu Recht die Risiken einer solchen Entwicklung heraus. Dazu gehören die Gefahren der Vereinzelung und Isolation, eine mögliche Unterhöhlung des Arbeitnehmerschutzes der vereinzelt Arbeitenden, die mögliche Belastung der Familie durch die Erwerbstätigkeit im Haus, die Abwälzung von Betriebskosten auf den Haushalt (z. B. für Geräte und Arbeitsräume), überhaupt eine eventuelle Kolonisierung des Haushalts durch den Betrieb.

In der Praxis wird auch in diesem Fall nicht alles so heiß gegessen wie gekocht. Schon die Kosten für die Geräte, die Gebühren und den Betrieb eines Telearbeitsplatzes sind viel höher als man ursprünglich annahm. Außerdem stellte sich heraus, daß faktisch kaum jemand ein echtes Interesse an Telearbeit hat. Die Vorgesetzten bestehen auf Kontrolle durch Anwesenheit, die Mitarbeiter wollen den Anschluß an den Betrieb nicht verlieren, und der Betrieb erweist sich erneut als Ort kollegialer Gemeinschaft, auf die man Wert legt. Stubenhocker möchte man nicht sein. Besonders Frauen schätzen die Erweiterung ihres Bewegungsraumes. Aber die Phantasie der meisten Leute geht eigentlich dahin, zwischen dem Arbeitsplatz im Betrieb und einem Teilarbeitsplatz zu Hause nach Bedarf und Belieben wechseln zu können. Auf absehbare Zeit dürfte dies ein Privileg weniger bleiben.

Eine solche Dezentralisierung hat natürlich nicht nur ihre positiven Seiten. Ursprünglich, unter dem Eindruck der Ölkrise der 70er Jahre, versprach man sich von der Telearbeit weniger Verkehr, weniger Benzinverbrauch, weniger Smog und weniger Flächenverbrauch. Speziell in Los Angeles, wo das »Telecommuting«-Konzept herkommt, hatte man ein besonders ausgeprägtes Smog-Problem durch einen übermäßigen Automobilismus. Man mußte erkennen, daß das Gegenteil zutrifft. Vier Leute, die sich an einem Ort treffen, haben vier Wege; wenn sie sich untereinander aufsuchen, haben sie sechs Wege. Eine größere räumliche Streuung von Arbeitsplätzen und Wohnorten erzeugt mehr Verkehr, auch kompensatorisch, da sich natürlich kein normaler Mensch damit zufrieden gibt, mit anderen Menschen nur per Telefon und Computer zu kommunizieren. Mit mehr Verkehr werden auch mehr Ressourcen verbraucht und die Luft stärker verschmutzt; und durch die Verkehrswege und den Doppelarbeitsplatz-Bedarf kommt es nicht zuletzt auch zu mehr Flächenverbrauch. Dennoch kann Telearbeit für bestimmte Gruppen eine zeitweilige Lösung sein. Dazu gehören insbesondere Alleinerziehende oder Heiminsassen und Behinderte. Auch für manche Freiberufler und Mitarbeiter in Stabsstellen kann Telearbeit günstig sein. Wenn in den 90er Jahren zwei bis vier Prozent der Erwerbstätigen von Hause aus telearbeiten, dann werden das schon maximal viele sein. Wahrscheinlich sind es viel weniger. Es gibt in der Bundesrepublik und überhaupt den westeuropäischen Ländern nur einige Dutzend Unternehmen, die in eher geringem Ausmaß Telearbeit ausprobieren oder schon alltäglich praktizieren. In den USA sind es auch nicht mehr als ein paar hundert Unternehmen mit einigen tausend Telearbeitenden.

Was sich heute tatsächlich rasant entwickelt, das ist die Telearbeit im Betrieb. Die Telematisierung vieler Arbeitsplätze in Fabriken und Büros schreitet voran. Auch ihre Vernetzung zu lokalen Netzwerken schreitet voran. Es könnte sein, daß später einmal, zwei oder drei Generationen weiter, die heute imaginierte Telearbeit sich tatsächlich noch einmal in größerem Ausmaß entfaltet. Auch die Roboter werden erst heute in großem Stil eingesetzt, obwohl man sie vor allem während der Modernisierungswelle der 20er Jahre schon imaginierte, etwa in F. Langs berühmtem Film »Metropolis« oder in K. Capeks Theaterstück »R.U.R.«, das den Robotern ihren Namen gab. So wie die Wirklichkeit der Roboter heute eine ganz andere ist, als man sie sich damals vorstellte, wird wohl auch die Telearbeit von morgen anders sein als man heute meint.

Daß die Roboter im Kommen sind, ist kaum noch zu bestreiten. Allerdings kommen sie nicht, wie ursprünglich gedacht, als Androiden, als menschenähnliche Wesen. Sie kommen in Form von mobilen Maschinen und flexiblen Anlagen. In der bundesdeutschen Industrie kommt heute schon auf jeden fünften Arbeitsplatz ein Roboter, in der amerikanischen auf jeden dritten, und in der japanischen Industrie sind heute schon mehr Roboter als Menschen tätig. Die Tendenz ist weiterhin steigend.

Im Unterschied zu gewöhnlichen Maschinen und Anlagen besitzen sie »künstliche Intelligenz« und »künstliche Sinne«. Man kann sie umprogrammieren, und teilweise können sie das sogar schon selbst. Sie können auf Druck, Schall, Wärme, Licht und »Geruch« reagieren. Das tun sie sicherlich noch ein bißchen grobschlächtig, aber die Fortschritte auf diesem Gebiet sind beträchtlich. Zusammen mit »intelligenten« Flugzeugen und Autos, »intelligenten« Häusern, »intelligenten« Waschmaschinen und Kreditkarten, schaffen die Roboter so eine Umwelt, in welcher der Unterschied von Mensch und Maschine, von Leben und toter Materie, kleiner wird. Beliebte

Sujets der romantischen Literatur – Menschmaschinen, etwa E. T. A. Hoffmanns »Automaten«, und Maschinenmenschen der »Ersatzteil«-Chirurgie, etwa Mary Shelleys Monster »Frankenstein« – bleiben auch in Zukunft Science-fiction. Aber die Kluft zwischen Dichtung und Wahrheit ist hier nicht mehr so groß, wie sie einmal war.

Manche Biologen definieren Leben als die Fähigkeit, sich ohne artfremde Hilfe zu reproduzieren. Rein technisch betrachtet ist es greifbar nahe gerückt, automatische Fertigungsanlagen zu errichten, die nicht nur »intelligente« Menschen bauen, sondern ihrerseits von diesen Maschinen beschickt, mit Energie versorgt und gewartet werden, und die im nächsten Schritt dann auch die Werkstücke und die benötigte Energie selbst erzeugen usw. Die sogenannten Konnektionisten unter den Informatikern glauben, daß man zur Simulation von Denken und Lernen im Computer nicht komplizierte Formeln und Programme braucht, sondern daß es genügen würde, sehr viele und große Speicherplätze mit sehr vielen Verbindungen untereinander bereitzustellen. Dann würde die Maschine »spontan« zu denken beginnen.

Schon in den späten 40er Jahren beschäftigte sich N. Wiener, einer der Mitbegründer der Kybernetik, mit diesen Fragen. Für ihn waren Automaten eine neue Spezies von Arbeitssklaven. Unabhängig von Wiener hat ja der Ausdruck Energiesklave eine gewisse Verbreitung gefunden. Diese neuen Sklaven wären unsere Diener, die unseren Befehlen gemäß handeln. Sie würden die Menschheit künftig davor bewahren können, sich in herrschende und dienende Klassen zu spalten. Aber genausogut könnte man sagen, Roboter seien eine neue Art von Nutztieren und Haustieren. Das sind historische Analogien. Sie ermöglichen vielleicht ein Vorverständnis, schaffen aber auch Vorurteile. Was die neuen Techniken wirklich darstellen, ist historisch einmalig. Hier entstehen vollkommen neue Sachverhalte, die unvoreingenommen begriffen sein wollen. Dabei kommt man allerdings um eine noch andere Analogie wohl kaum herum – die der Bevölkerung. »Intelligente« Maschinen in Fabrik, Büro und Haushalt bilden, neben der menschlichen Bevölkerung, eine Art zweite Bevölkerung. Denn sie sind faktisch ein zunehmender Bestandteil der sozialen Interaktion, und das nicht nur als passive Gegenstände, sondern auch teilweise selbstaktivierende Automaten. Der Umgang mit ihren Einheiten und Systemen ist heute schon ein gewohnheitsmäßiger Bestandteil des sozialen Lebens geworden.

Technisierung des Alltags, mehr Wahlmöglichkeiten für Erwerb und Eigenarbeit

Die Technisierung des Alltagslebens, auch außerhalb von Fabrik und Büro, ist schon weit fortgeschritten. Man braucht beispielsweise nur an den Verkehr denken, dessen ständige Teilnehmer wir alle sind. Der Verkehrsfluß in den Städten, vom Schienen- und Luftverkehr zu schweigen, ist ohne automatisierte Regelung überhaupt nicht mehr vorstellbar. In den Fahrzeugen selbst, in Zügen oder Flugzeugen, hat der Mensch oft nur noch eine eingeschränkte Kontrollfunktion, wenn überhaupt. »Das System« macht das weitgehend schon alleine. Es ist absehbar, daß diese Entwicklung auch auf den Autoverkehr übergreift. Der Ampelverkehr ist nur die erste von mehreren Stufen der technischen Verkehrsregelung. Beim selbstherrlichen Tritt aufs Gaspedal oder beim nötigenden Zu-nahe-Auffahren wird der Bordcomputer, im Austausch mit externen Infrastrukturen, künftig »ein Wörtchen mitzureden« haben.

Auch bei typischen Freizeitbetätigungen, zum Beispiel beim Sport, zieht die Technik ein. Beim Skifahren reichte einmal ein gehobeltes Brett mit ein paar Riemen drauf. Heute sind Skier samt Bindungen »sophisticated products«, und auch entsprechend kostspielig. Schließlich der Haushalt. Er ist voller technischer Geräte und Infrastrukturen. Zuerst waren es nur fließendes Wasser, Gas und Strom. Zum Strom kam die Telefonverkabelung und der Radiowellenanschluß. Heute werden diese Telekommunikationsnetze integriert. Neue Übertragungsmechanismen, etwa per Lichtleiter oder Infrarotstrahlen, sind absehbar. Inzwischen regelt sich die Heizung teilautomatisch. Türen, Fenster und Rolläden erhalten technische Sicherungsanlagen. In Verbindung mit Sensoren können sie sich zeit- und temperaturgerecht öffnen und schließen. Das ganze Haus wird, wenn schon nicht zu einer Maschine, so doch zu einer maschinellen Struktur, zu einer technischen Infrastruktur. Die Hausfrauen, auch die Minderheit der Hausmänner, die damit umgehen, sind kaum noch Handwerkerinnen wie früher, dafür um so mehr Operateurinnen geworden. Man braucht so etwas wie eine »Qualifikation«, um Vorfertiggerichte und Mikrowellenherde, Medikamente und Blutdruckmeßgeräte, Fernseh- und Videoanlagen, Spülmaschinen oder Heizungsanlagen richtig zu handhaben. »Verbrauchererziehung« wird das auch genannt. Die Hausarbeit und überhaupt die Eigenarbeit erhält so ein paraprofessionelles Gepräge. Eines der typischen Beispiele für diesen Paraprofessionalismus ist nach wie vor der »Führerschein«.

Mit all dem wird der Haushalt zum Ort der technikgestützten Eigenproduktion. »Produktion« und »Konsum« sind nicht verschiedene soziale Orte, sondern Funktionen, die an jedem Ort zugleich ausgeübt werden, auch im privaten Haushalt, in dem viele Güter selbst erzeugt und viele Dienste selbst erbracht werden. Gerade die Technisierung des Haushalts ermöglicht ein breiteres Spektrum von Wahlmöglichkeiten. »Produktionsarbeit« und »Konsumarbeit« können ein Stückweit nach eigener Wahl gegeneinander ausgetauscht werden, z. B. bei der Selbstbedienung im Supermarkt. Wo man früher bedient wurde, muß man sich heute selbst bedienen. Aus Erwerbsarbeit wurde Hausarbeit. Demnächst kommt dann noch mit den Point-of-Sale-Systems das Selber-Abrechnen und -Geldanweisen. Gratisarbeit leistet man zum Beispiel auch als Selbstabholer von Möbeln oder als Selbstmonteur vorfabrizierter Produktelemente. Das Herstellungs- und Vertriebssystem eines schwedischen Möbelhauses, das sich selbst »unmöglich« nennt, hat das Personaleinsparen besonders perfektioniert, und zwar durch eine Kombination von Selbstbedienung, Selbstabholen und Selbstmontage. Dafür bekommt die Kundschaft für ihr gutes Geld ein vergleichsweise großes Warenangebot und vergleichsweise gute Ware.

Unliebsam wird die Umwandlung von ehedem bezahlter Arbeit in Eigenarbeit im Falle der Verkaufsautomaten, Auskunftsautomaten, elektronischen Sicherheitssysteme u. a. Fahrkarten gibt es z. B. zunehmend nur noch an Fahrkartenautomaten. Dazu braucht man wiederum Münzen aus einem Wechselautomaten (sofern einer vorhanden ist, bzw. sofern ein vorhandener auch funktioniert). Gezwickt werden die Fahrkarten an einem automatischen Entwerter, und wenn man – jenseits von 10–12 und 14–16 Uhr – nicht weiterweiß, wendet man sich an einen Informationsautomaten ...

Es gibt einen Zusammenhang zwischen (bezahlter) Erwerbstätigkeit und (unbezahlter) Eigenarbeit. Je teurer die Erwerbsarbeit ist, um so mehr besteht Interesse dran, diese Arbeit selber zu machen. Man spart eben eine Menge Geld. Aber auch anders gewendet ist die teure Erwerbsarbeit Voraussetzung der Eigenarbeit. Teure Erwerbsarbeit heißt ja, daß man auch gut verdient. Ein guter Verdienst aber setzt einen in die Lage, nicht so lange arbeiten zu müssen. Freie Zeit muß man aber haben, um Eigenarbeit leisten zu können. Ein jeweils höchstmögliches Maß an Produktivität und Rationalisierung im formellen Sektor und eine nach freien Stücken und persönlicher Bedürfnislage erbrachte Eigenarbeit bedingen einander, und zwar in der Weise, daß das eine das andere nicht nur möglich, sondern auch notwendig macht.

Allerdings handelt es sich hier nicht um eine simple Substitution. Die angebotenen Leistungen, was getan wird, und wie es getan wird, ändern sich qualitativ. Das Spektrum der Auswahlmöglichkeiten und der möglichen persönlichen Präferenzen – kurz, die möglichen Optionen – erweitern sich beträchtlich. Nehmen wir zum Beispiel eine Pizza. Man kann, wenn man Pizza essen will, zum Italiener gehen und sich eine bestellen. Man kann aber auch im Laden eine fertige Tiefkühlpizza kaufen und sie zu Hause in den Mikrowellenherd stellen. Man kann sich auch einen Fertigteig und sonstige Zutaten kaufen, und die Pizza selbst machen, und schließlich kann man auch noch den Teig selbst machen und somit die ganze Pizza herstellen, und wenn man dann auch noch Paprika, Zwiebel, Knoblauch und Tomaten im eigenen Garten zieht, um so mehr. Ein vergleichbares Beispiel liefert die Wäsche. Man kann sie selbst waschen, realistischer gesagt, in der eigenen Waschmaschine waschen, oder man kann sie in die Reinigung geben und dort waschen und bügeln lassen.

Es gibt hier also Fremdleistungen, die man kaufen muß, und unentgeltliche Eigenleistungen, die austauschbar sind: ein optionaler Spielraum, wo Eigenleistungen und Fremdleistungen in einem bestimmten Verhältnis miteinander kombiniert werden können, und auch kombiniert werden müssen, und zwar

- weil man nicht alles, was es zu kaufen gibt, sich auch leisten kann oder sich leisten will;
- weil man nicht alles, was man braucht, auch kaufen kann;
- und schließlich, weil man manches, was man braucht, nicht selbst machen kann, und man deshalb auf Fremdleistungen angewiesen ist.

Gerade im Hinblick auf die sozialen Dienste, insbesondere die Betreuung und Pflege von Kindern und Alten, ist es von größter Wichtigkeit, sich diese Optionalität der Nachfragestruktur klarzumachen und so die Möglichkeit *und* die Notwendigkeit optimal auszuschöpfen, in Eigenarbeit erbrachte soziale Dienste und professionell erbrachte bezahlte Dienste miteinander zu kombinieren und das wiederum in der richtigen Kombination privater und öffentlicher Regie. Wir können unmöglich alles dem Markt überlassen, wir können unmöglich alles dem Staat und der Allgemeinheit aufbürden, und wir können unmöglich alles selbst und aus eigener Kraft leisten. Worauf es ankommt, ist die jeweils optimale Kombination von Markt-, Staats- und Eigenleistungen.

Die gewachsene Optionalität sozialer Sachverhalte, ihre Wählbarkeit bzw. Auswahlnotwendigkeit innerhalb gewisser Grenzen, ist ein allgemeines Merkmal des modernen Lebens. Es hat nicht allein technische Hintergründe, aber die hintereinanderher brandenden Innovationswellen immer neuer Techniken haben hier sicherlich grundlegende Voraussetzungen geschaffen. Zum Beispiel waren so triviale Geräte wie die Waschmaschine und der Staubsauger für die Frauenemanzipation allgemein eine nicht zu unterschätzende Voraussetzung, weil sie es sind, die ausgedehnten Schulbesuch und Frauen-Berufstätigkeit überhaupt erst realistisch werden lassen. So gesehen sind diese Geräte, ironischerweise, Voraussetzung der vielbeklagten Doppelbelastung der Frau. Ohne solche Geräte wäre von vornherein niemand der Doppelrolle des Erwerbstätigseins und des Eigenarbeitleistens gewachsen.

Komplexere Technik, kompliziertere Ethik

Durch die wissenschaftlich-technische Entwicklung haben wir eigentlich erst die Chance bzw. den persönlichen Freiheitsspielraum gewonnen, den eigenen Lebensweg und die eigenen Lebensumstände bis zu einem gewissen Ausmaß selbst zu wählen. Die »neuen Werte« der Emanzipation, der Persönlichkeitsentfaltung und Selbstverwirklichung, sind ein direkter Ausfluß dieser Entwicklung. Aber damit erhalten auch diese »neuen Werte« die Janusgesichtigkeit, die dem technischen Fortschritt eigen ist. Sie bergen nicht nur Chancen, sondern auch Risiken. Wir gewinnen nicht nur Neues dazu, sondern wir zahlen auch einen Preis dafür und müssen Bewährtes und Altvertrautes aufgeben.

Es mutet merkwürdig an, daß gerade emanzipationsfreudige Gruppen zwar eine teilweise vehemente Technikkritik vortragen, zugleich aber völlig unkritisch die »neuen« Selbstverwirklichungs-Werte propagieren. Es kann doch nicht sein, daß sie nur die Chancen sehen, das Leben erfolgreich zu meistern, nicht aber die Risiken zu scheitern. Freiheit ist riskant. Der Freiheit gewachsen zu sein, ist nicht selbstverständlich. Der Menschheit stellt sich die neue Dimension der Freiheit und Verantwortung heute nicht nur kollektiv. Jeder einzelne Mensch, jede kleine oder größere Gemeinschaft für sich, sieht sich heute mit der Aufgabe konfrontiert, die selbst zu verantwortende Freiheit des eigenen Lebens zu meistern. Man erbt sein Leben nicht mehr, man muß es sich erarbeiten. Es wird einem nicht mehr zugeschrieben, man muß es sich schaffen, sozusagen im Schweiße seines eigenen Angesichts. Es handelt sich, wenn man so will, um eine Art neuerlicher Vertreibung aus dem Paradies auf der Stufe der wissenschaftlich-technischen Zivilisation.

Daß man in diese schwere Prüfung mit geradezu kindlicher Freude und Naivität hineinläuft, ist wohl nur damit zu erklären, daß – während der technische Fortschritts-Mythos schon gebrochen ist – die dazugehörigen Werte der Emanzipation und Selbstverwirklichung weiterhin, ja mehr denn je, vom Schleier der Mystifikation umhüllt sind. Niemand würde die unaufhörlichen Belastungen und Anstrengungen, welche die Selbstverwirklichung einem abnötigt, sonst freiwillig auf sich nehmen. Der Selbstverwirklichungs-Mythos suggeriert, es käme da etwas Lustvolles auf einen zu, etwas, das »Spaß« und das Leben abwechslungsreich, interessant und überhaupt großartig machen würde. Die Erkenntnis, daß die zweifellos mögliche Bereicherung des Lebens unweigerlich auch eine leidvolle und bedrückende Seite hat, findet nicht statt.

Was der kulturelle und institutionelle Rahmen einer Gesellschaft nicht mehr selbstverständlich und ausschließlich vorgibt, muß in einem langwierigen Lern- und Entwicklungsprozeß selbst ergriffen werden. Wer die jeweils fällige Lektion nicht gut genug lernt, geht unter. Der Sozialstaat verhindert das Schlimmste. Der größere Regelungs-Spielraum *erfordert* Selbstregelung; geringere Disziplinierung, mehr Selbstdisziplin. Sein eigener Herr zu werden, heißt in gewissem Sinne auch, sein eigener »Knecht« zu sein. Es ist um so vieles einfacher und bewährter, zu heiraten, täglich zur Arbeit und sonntags in die Kirche zu gehen, als sich sein Leben in prekären »neuen Gemeinschaftsformen« und schwierigen individualisierten Arbeitsverhältnissen immer aufs neue schaffen und sich seinen Gott selbst suchen zu müssen. Die erstrebte Selbstverwirklichung und Selbsterkenntnis bleibt häufig genug aus. Statt dessen verliert man sich in grenzenloser Selbstbespiegelung. Demütig wollte man nicht mehr sein. Nun sieht man sich vom modernen Lebensalltag selbst allzu oft gedemütigt.

Die Ethik des Menschen in der wissenschaftlich-technischen Zivilisation ist kompliziert geworden. Nur noch selten gibt es ein einfaches Richtig und Falsch, nur noch selten ein klares Gut und Böse. Der einfache – aber auch Alleingeltung beanspruchende und deshalb zum Dogmatismus neigende – Wahrheitsbegriff des Mittelalters ist unwiederbringlich dahin. Manche meinen, mit dem Schwinden des mittelalterlichen Wahrheits- und Gottesbegriffs sei ein ethisches Vakuum entstanden, dem auch ein religiöses Vakuum entspreche. Dies scheint zumindest so weit zuzutreffen, als die Bedeutung der geistigen Kräfte im Leben nach wie vor verkannt und unterschätzt wird. Der harte Rationalismus und Materialismus, besonders in Gestalt des Positivismus, hat die Bedeutung des Geistigen und der Ethik überhaupt verdrängt. Sie schienen bloß noch als Reflexe biophysikalischer Vorgänge Realität zu haben. Die idealistischen Strömungen der Moderne haben demgegenüber den geistigen und moralischen Standpunkt völlig subjektiviert. Dadurch wurde er zu etwas vermeintlich Beliebigem, etwas für das kollektive System scheinbar Unwichtigem. Auch die christliche Ethik ist mehr denn je interpretationsfähig geworden, und, angesichts der gewandelten Verhältnisse, wohl auch interpretationsbedürftig. Man sieht dies nicht zuletzt an den weltweiten Neuerungs- und Reformströmungen von der ökumenischen Bewegung bis hin zur lateinamerikanischen Theologie der Befreiung.

Nun weisen aber gerade diese Bewegungen weniger auf ein ethisches und religiöses Vakuum, als mehr auf einen ethischen Pluralismus. Hier liegen unsere eigentlichen Probleme. Das bisherige Paradigma der Wissenschaft, das Newtonianische, war offenbar noch eine Art rationalistischer Zwitter zwischen mittelalterlicher Scholastik und Moderne. Die Koordinaten seines Bezugssystems waren unveränderlich statisch, sein Begriff von Raum und Zeit war homogen, absolut und ewig, und es zielte auf die Erkenntnis *der* Wahrheit, der vermeintlich einzig richtigen. Mit dem neuen Paradigma in der Wissenschaft, hat sich das alles zu ändern begonnen. Unsere Koordinaten- bzw. Bezugssysteme evolvieren dynamisch, der Bestand von Raum und Zeit ist relativ geworden, und in der Folge davon gibt es nicht *die* Formel, *die* Wahrheit, sondern einen Pluralismus von Anschauungen, die, je nach Gegenstand, mehr oder weniger Berechtigung haben.

Unser Grundproblem, so gesehen, liegt nicht darin, daß wir unmoralischer und verkommener als unsere Vorfahren wären, sondern daß wir weniger als früher von einheitlichen und allgemein verbindlichen Moralgesetzen ausgehen. Dafür gibt es heute mehr partikulare Wertorientierungen in den verschiedensten Milieus und Subkulturen. Es gibt in dieser Lage keine schnelle Rettung. Wir können und sollen uns für die Geltung von Werten einsetzen. Wir müssen uns jedoch klar darüber sein, daß wir uns dieser Aufgabe beharrlich und ausdauernd werden widmen müssen. Weder lassen sich Religionen beliebig stiften, noch können Werte beliebig umgewertet werden. Ebensowenig lassen sich überlebte Gewißheiten autoritär restaurieren. Die Entstehung von Weltbildern ist ein komplizierter kollektiver Vorgang, und manches davon geschieht eher »unterirdisch« als bei vollem Wachsein und entschiedenem Willen. Das beste Rüstzeug für diese Aufgabe sind Liebe und Geduld.

Sicher ist: Ohne stabiles ethisches Fundament werden wir die Herausforderungen der neuesten wissenschaftlich-technischen Entwicklungen nicht meistern. Zwar ist weiteres Forschen ebenso unentbehrlich wie staatliche Gesetze und die kluge Allokation wirtschaftlicher Mittel. Aber all das bliebe ein leeres Gehäuse, eine Muschel ohne Perle, wenn es nicht getragen würde von Menschen mit einem ausgeprägten moralischen Empfinden. Die nähere Betrachtung zeigt sogar, daß daher überhaupt erst die Motivation kommt, sein Leben in den Dienst anderer Menschen und Aufgaben zu stellen, und daß materielle Entwicklungen immer schon geistige und seelische Grundlagen besitzen.

Ich will hier zur unseligen Materialismus-Idealismus-Kontroverse nicht noch einen rechthaberischen Beitrag liefern. So selbstverständlich es ist, daß das »Bewußtsein« vom »Sein« mitbestimmt wird, so sicher gilt auch das Umgekehrte. Der technische Fortschritt und das Wirtschaftswachstum auf der einen Seite und das Bewußtsein der Befreiung und Emanzipation auf der anderen waren von vornherein zwei Seiten ein und derselben industriellen Revolution. Die technische Entwicklung ist kein Selbstlauf. Sie ist immer schon eingebettet in wirtschaftliche, rechtliche und politische Rahmenbedingungen, und wird nicht zuletzt auch von weltanschaulichen Grundorientierungen gesteuert. Gerade die technische Entwicklung ist in einem viel größeren Maß auch wertgebunden und auch von »irrationalen« Gefühlsimpulsen beeinflußt, als eine immer noch vorwiegend positivistische Wissenschaft und eine materialistische Geisteshaltung in der Gesellschaft glauben machen wollen. Ginge es in Wissenschaft und Technik tatsächlich nach rein rationalen Kriterien und nach strikten Kosten-Nutzen-Erwägungen, wäre ein Gutteil der industriellen Entwicklungen der letzten 200 Jahre vermutlich ausgeblieben.

Gleichwohl muß man vor hohlen Moralpredigten auf der Hut sein. Es gibt eine gewisse Tradition des Kulturpessimismus, die nichts nützt, aber immer schadet, weil sie lähmt und demotiviert. Der technikkritische Fundamentalismus von heute ist nichts anderes als eine Neuauflage dieses Kulturpessimismus, etwa bei dem schon zitierten Spätsozialisten G. Anders, der behauptet, die Technik sei so übermächtig geworden und die menschliche Verantwortungsfähigkeit daneben verkümmert. Gewisse Varianten des Marxismus haben die nicht mehr haltbare Verelendungs-Theorie ins Sozialpsychologische hinüber zu retten versucht: Die Wirtschaft sei »überentwikkelt«, der Mensch aber »unterentwickelt« und psychisch »verelendet«. Sogar sehr viel ausgewogenere und seriösere Autoren wie D. Bell oder H. Jonas lassen sich von der These des »cultural lag« bannen: Die ethische Entwicklung habe mit der technischen nicht Schritt gehalten. Wiederum sind sich Altkonservative, Spätsozialisten und grüne Fundamentalisten darin merkwürdig einig. Aber es handelt sich um ein allzu einfaches Strickmuster. Der Paradigmenwechsel ist da anscheinend noch nicht einmal ansatzweise zur Kenntnis genommen worden. Unser wirkliches Problem ist aber nicht ein vermeintlicher Mangel an Moral, eine angeblich wert-freie Amoralität, sondern die Tatsache des Werte-Pluralismus und der subkulturellen Vielfalt. Der Mensch, der an einen Sinn im Leben glaubt und der mit Hoffnung in die Zukunft geht, wird darin nicht Zerfall und Chaos sehen, sondern Entfaltung und Blüte. Er wird sich zugleich keine Illusionen machen, sondern sich realistisch auf die Kollisionen und Konflikte einstellen, die sich aus dem Widerstreit unterschiedlicher Werte und Weltanschauungen ergeben.

Die Lage kompliziert sich dadurch, daß es erwünschte und unerwünschte Auswirkungen der Technik gibt. Darüber hinaus werden die meisten Technikfolgen faktisch immer unabsehbar sein. Man kann und soll sich vorausblickend und vorsorglich von den Technikfolgen so gut es geht ein Bild machen. Aber vorhersehen kann man die Zukunft auch in der wissenschaftlich-technischen Zivilisation nicht. Es gibt für den technischen Zauberlehrling nur einen Weg, mit den Geistern, die er rief, fertig zu werden. Dieser Weg liegt nicht darin, alles liegen- und stehenzulassen und davonzulaufen, sondern standzuhalten und Meisterschaft zu erlangen. Eine solche Meisterschaft besteht nicht zuletzt darin, seine jeweiligen Grenzen zuverlässig abschätzen zu können.

Es waren vor allem moderne Christen, die dies frühzeitig erkannt und so eine konstruktive Haltung in Fragen der Ethik im technischen Zeitalter eingenommen haben. Zu ihnen gehören der umstrittene Teilhard de Chardin und besonders auch Emmanuel Mounier. 1946 schrieb er in einem Vortrag, der später in der Sammlung »Angst und Zuversicht des 20. Jahrhunderts« erschien:

»Weil er den Weg eingeschlagen hat, den von Mephisto eingegebenen Geist des Künstlichen zur Verwüstung eines unverdorbenen Herzens zu gebrauchen, ist der erste Faust verloren. Der zweite Faust jedoch wird gerettet, denn er hat begriffen, daß das Künstliche nicht böse ist, wenn es zur Vollendung anstatt zur Erniedrigung der Menschheit verwendet wird.

Unsere Panik gleicht der von Küstenfischern, die sich plötzlich auf hoher See befinden.

›Ich schreibe, um euch angst zu machen‹, sagt Harold Hurey, einer der Erfinder der Atombombe. ›Ich bin selbst ein Mensch, der Angst hat. Alle Wissenschaftler, die ich kenne, haben Angst.‹ Aber man sagt auch, daß selbst die ungläubigsten dieser Gelehrten, die mit an die Erde gepreßtem Gesicht in der Wüste Neu-Mexikos das ungewisse Ergebnis ihres ersten Versuchs abwarteten, etwas wie ein Gebet in sich aufsteigen fühlten. Es war zweifellos das Gebet des jungen Knappen, bevor er zum Ritter geschlagen wurde: in dieser Minute entwuchs der Mensch seiner Minderjährigkeit.

Bisher konnte man nicht sagen, die Menschheit sei Herrin ihrer Zukunft, denn sie war noch zu einer Zukunft *verurteilt*, während jeder Mensch als Individuum sich eine Kugel in die Schläfe jagen kann. Jetzt wird die Menschheit sich für sich selbst entscheiden müssen, und es wird zweifellos einer heroischen Anstrengung bedürfen, damit sie nicht den leichteren Weg, den des Selbstmords, wählt. Man kann sagen, daß die Zeit ihrer Reife zu eben dieser Stunde beginnt. Niemals wird man zuviel über den Sinn der Freiheit nachdenken können.«[1]

Die Ethik der Freiheit ist eine Ethik der Verantwortung. Über Verantwortungsethik wird heute viel gesprochen, und das ist begrüßenswert. Denn damit werden Toleranz, Dialog, Verständigung und gegenseitiger Ausgleich als vermittelnde Prinzipien bestätigt. Sich verantwortlich verhalten, heißt, seine Gesinnung weder anderen Gesinnungen noch den Tatsachen überzustülpen, sondern sie im Licht von deren Existenz zu prüfen, daraufhin zu praktischen Schlußfolgerungen zu gelan-

[1] Emmanuel Mounier, *Angst und Zuversicht des XX. Jahrhunderts,* Heidelberg 1955, 35–37

gen und die Konsequenzen ohne Ausflucht auf sich zu nehmen. In der heute geführten Diskussion fällt allerdings auf, daß viel von der Verantwortung gegenüber den Tatsachen die Rede ist, jedoch weniger von der Verantwortung gegenüber der eigenen Gesinnung, dem eigenen Wertehorizont. Dieser muß aber vorhanden sein, denn ohne ihn gäbe es nichts zu vergleichen. Ohne Wertbindung wäre man von vornherein ein Sklave des Status quo. Verantwortungsethik wäre dann nichts anderes als eine hohle Ideologie der Tat, Technokratentum in ethischer Verkleidung. Das dürfen wir nicht zulassen. Wir müssen Wertbindungen deutlich machen.

Abschätzung und Bewertung von Technikfolgen am Beispiel der Atomtechnik

Am Beispiel der Atomtechnik läßt sich recht gut darstellen, was Verantwortungsethik auf der Basis einer ausdrücklichen Wertordnung ist. Bis in die 70er Jahre hinein gab es keinen Zweifelsfall. Die Atomtechnik galt unwidersprochen als Zukunftstechnik, vorausgesetzt, man stellte sie in den Dienst einer friedlichen Nutzung zum Wohle aller. Man glaubte, die Sicherheits- und Strahlungsrisiken, die diese Technik birgt, gering halten zu können, und es herrschte ein gewisser Konsens, das sogenannte Restrisiko vereinzelter Katastrophen einzugehen. Wenn in den 50er und 60er Jahren eine chemische Fabrik explodierte, war das in den Augen der Bevölkerungsmehrheit ja auch noch kein Grund, deshalb gleich die Industrie an und für sich in Frage zu stellen. Noch in den 60er Jahren ging man ziemlich sorglos im Rhein baden, obwohl er damals vermutlich schmutziger war als heute. Strom aus Kernkraft versprach, eine effiziente, preiswerte, sichere und saubere Energiequelle zu werden, und würde man erst einmal von der Kernspaltung zur Kernverschmelzung übergehen, sogar eine unerschöpfliche Energiequelle. Wer sich dieser Aufgabe widmete, tat dies im Bewußtsein, einen wertvollen und angesehenen Beitrag zu leisten, etwas, worauf man stolz sein konnte. Die gemeinsame Perspektive war offenbar die Krönung des industriellen Aufbaus: Wohlstand durch Wachstum, Wohlstand für alle, nun für immer.

Nur, im Moment der geplanten Krönung stieß man unverhofft auf die Grenzen des Wachstums. Es ist müßig, sich darüber zu streiten, ob diese Grenzen des Wachstums »wirkliche« oder »moralische« Grenzen seien. Das geht Hand in Hand. Tatsache ist, daß faktisch und moralisch eine Neueinschätzung und Neubewertung der Atomtechnik einsetzte. Dieser Prozeß hat zu einer Umkehr des bisherigen Befundes geführt.

Diese Neuorientierung ist ein gesamtgesellschaftlicher Vorgang gewesen. Dazu beigetragen haben Wissenschaftler und Experten ebenso wie sozial engagierte Bürger, Bürgerinitiativen, Journalisten, Politiker und schließlich die Industrie selbst. Für die künftige Institutionalisierung der Abschätzung und Bewertung von Technikfolgen ist es wichtig, sich dies vor Augen zu führen. Es ist nur vernünftig, wenn man versucht, sich über die Wirkungen seines Tuns Rechenschaft abzulegen. Aber es besteht auch die Gefahr, daß man hier auf technologischem Gebiet erneut einem Phantom nachläuft, das auf wirtschaftlichem Gebiet längst gescheitert ist und dort erheblich mehr Schaden als Nutzen gebracht hat: das Phantom der umfassenden Planbarkeit. Man wird den Eindruck nicht los, daß beim »Technology Assessment« noch erhebliche Reste der rationalistischen Planbarkeits- und Machbarkeitsfiktionen nachwirken. Man kann die Zukunft nun einmal nicht verläßlich vorhersagen und noch weniger vorherbestimmen. Viele, vielleicht die meisten Technikfolgen, werden wir immer erst kennen, wenn die Wirkungen tatsächlich stattfinden. Von etwas anderem auszugehen, wäre, gerade in kritischer Absicht, unredlich.

Technikfolgenbewertung ist deshalb etwas, das realistischerweise weder im vorhinein noch im nachhinein stattfindet, sondern *im* Prozeß der Entwicklung und Ausbreitung einer Technik selbst. Das können wir nur realisieren, wenn wir eine hochstehende politische Kultur entfalten – offene Informationen, freier Diskurs, auch in den Unternehmen, eine lebhafte öffentliche Meinungs- und Willensbildung, und dies auf der Grundlage einer wertgebundenen Verantwortungsethik. Für eine sozial- und umweltverträgliche Technikentwicklung ist dies sicherlich günstiger und wirksamer als irgendwelche formalisierten, bürokratisierten Verfahren.

Unter diesen Vorgaben kann eine institutionelle Abschätzung und Bewertung von Technikfolgen hilfreich sein. Sie hat dann der gebündelten sachlichen Information zu dienen, der Aufbereitung von Expertenstandpunkten, der Abklärung von Entwicklungsalternativen und Szenarios, mithin also: der Unterstützung der politischen Meinungs- und Willensbildung, nicht jedoch als Genehmigungs- und Kontrollbürokratie oder als Vorstufe dazu. J. H. Gibbons, Leiter des Office of Technology Assessment der USA, nannte seine Aufgabe ganz einfach ein »sorgfältiges Nachdenken über eine Technologie, inwiefern diese gesellschaftliche Vor- und Nachteile bewirken kann«[1].

Bei der Neubewertung der Vor- und Nachteile der Kernenergie spielte es eine große Rolle, daß man über ein gewisses Maß an Erfahrung mit der Atomtechnik verfügte, nicht mehr nur über wahrscheinlichkeitskalkulatorische Erwartungen. Dies war für die Neubewertung dieser Technik, die *im* Prozeß ihrer Anwendung und Verbreitung selbst stattfand, sehr wichtig. Kernreaktoren können nur annähernd sicher gemacht werden. Die Kosten für zusätzliche Sicherheitsvorkehrungen führen sich ab einer bestimmten Stufe ad absurdum. Der erforder-

[1] C. Böhret, Technikfolgen und Verantwortung der Politik, in: APuZ B 19–20/1987, 10.

liche Sicherheitsaufwand steht dann in keinem Verhältnis mehr zum Nutzen. Außerdem drohen ausgedehnte personale Sicherheitsüberwachungen in den totalitären Überwachungsstaat (»Atomstaat«) auszuarten. Um menschliches Versagen und Sabotage auszuschließen, müßten im Bereich der Atomindustrie gewisse Freiheiten und Garantien weitgehend aufgehoben werden.

Auch die früher angenommene Wirtschaftlichkeit des Atomstroms ist zweifelhaft geworden, nicht nur wegen der hohen Sicherheitskosten. Laufende Störungen bewirken Unterauslastung, hohen Wartungsaufwand und damit eine geringere betriebliche Wirtschaftlichkeit. Vor allem aber sind Infrastruktur-Kosten und die allgemeinen Vorleistungen in die Rechnung mit einzubeziehen. Über Jahrzehnte hinweg hat die öffentliche Hand die Förderung der Atomtechnik mit Milliardenbeträgen subventioniert. Bis heute geht, trotz der zweifelhaften Erfolgsbilanz, ein Großteil der öffentlichen Forschungsförderungsmittel in die Atomtechnik. Hinzu kommen Bausubventionen und überhaupt die Kosten des Kraftwerkbaus. Nicht zuletzt ist ein gewisser Teil der Stromnetz-Infrastruktur auf die Atomstromkosten umzulegen. Zählt man alles zusammen, ist Atomstrom sogar teurer als Strom aus heimischer Kohle, jedenfalls nicht billiger. Bis heute hat sich kein Atomkraftwerk effektiv amortisiert. Dafür mehren sich die Fälle, in denen man sich gezwungen sieht, Atommeiler frühzeitig stillzulegen, was seinerseits neuerliche Kosten verursacht.

Schon im Fall einer eher kleinen Atomkatastrophe ist ein angemessener Katastrophenschutz nur teilweise gewährleistet. »Tschernobyl« hat uns das gezeigt. Im Fall größerer Katastrophen wäre die Lage hoffnungslos. Angesichts der Bevölkerungsdichte in Europa, aber auch sonst auf der Welt, wäre es absurd, damit zu spekulieren, riesige Landstriche gegebenenfalls zu Sperrbezirken machen zu müssen. Außerdem ist ein Land voller Atomreaktoren im Kriegsfall nicht zu verteidigen.

Bereits im Vorfeld ist es diesbezüglich erpreßbar. Die atomare Proliferation ist an ihren Rändern nicht kontrollierbar. Die Zahl der offenen Atommächte wächst weiter. Im Brennstoffkreislauf ist die zivile Nutzung von der militärischen kaum zu trennen. Das Mißbrauchspotential ist groß.

Im Gegensatz zu den früheren Erwartungen ist weder die Kernfusion näher gerückt, noch ist es gelungen, die Kernspaltung technisch in einem wirklich geschlossenen Kreislauf darzustellen. Es gibt ein Ressourcenproblem. Die Uranvorkommen sind begrenzt. Auch durch die Brütertechnik – die heute allerdings noch nicht auf dem erforderlichen Stand ist – würde der Brennstoffmangel nur aufgeschoben, nicht aufgehoben. Vor allem gibt es ein ungelöstes Entsorgungsproblem. Die ungelöste Entsorgungsfrage ist die eigentliche Achillesferse der Atomtechnik. Die Vorstellung, große Mengen radioaktiven Mülls von heute über Jahrtausende lagern und bewachen zu müssen, damit sie künftig keinen Schaden anrichten, ist atemberaubend grotesk. Wer eine solche »Lösung« auf Dauer ernsthaft in Betracht zieht, leidet unter schwerem Realitätsverlust. Atomenergie muß Übergangsenergie sein. Alles andere wäre unverantwortlich.

Eine Zeitlang wurde damit Stimmung gemacht, ohne Atomstrom würden »die Lichter ausgehen«. Im Verlauf der 80er Jahre hat sich aber gezeigt, daß so viel Strom, wie ursprünglich projektiert, überhaupt nicht gebraucht wird. Das qualitative, ökologisch intelligente Wachstum hat den Energieverbrauch vom Zuwachs der Wirtschaftsleistung abgekoppelt. Jahr für Jahr mußten die Strombedarfsprognosen zurückgestutzt werden. Wir lernen, ein Mehr an Leistungen mit einem relativ geringeren Einsatz von Ressourcen und mit relativ geringerer Umweltbelastung zu erstellen. Elektrizität zum Billigtarif muß diesbezügliche Anstrengungen unterlaufen und vom epochalen Innovationspfad abbringen – zugunsten kurzfristiger Bequemlichkeit und auf Kosten baldiger Rationalisierungsgewinne und dann folgender Wettbewerbsnachteile. Zumindest diese Lektion sollte man aus der Stahlmisere gelernt haben. Wenn die Franzosen, die sehr einseitig in Atomstrom investiert haben, »1992« grenzenlos billigen Strom anbieten, und zwar von der Position eines planwirtschaftlichen Monopolisten aus, wird diese Billigkeit nicht tatsachengerecht und der Wettbewerb damit nicht lauter sein.

Das wichtigste Argument, das für die Atomtechnik vorgebracht wird, ist die Reinhaltung der Luft. Weniger Kernkraftwerke müßten bei uns durch mehr Kohlekraftwerke kompensiert werden. Angesichts von sauren Niederschlägen, Ozon in Bodennähe, Ozonabbau in höheren Luftschichten, sich zuspitzender Klimaprobleme u. a. verbietet sich das, so scheint es. Der Vergleich stimmt jedoch nicht. Ihm liegt der technische Standard von gestern zugrunde. Modernste kalorische Kraftwerke, die mit dem neuesten Stand der Luftreinhaltetechnik ausgerüstet sind, würden die Umwelt kaum mehr belasten. Sie kosten freilich etwas, und das verweist wieder auf die Frage der Innovations- und Investitionsprioritäten.

Gemessen an den Wertprioritäten – ökologische Behutsamkeit, Sicherheit, Stabilität, Solidarität – ist der Ausstieg aus der Kernenergie geboten. Zugleich ist die Kernenergie eine Tatsache, die nur mit Gewalt und unsinnigen Reibungsverlusten von heute auf morgen aus der Welt zu schaffen wäre. Ein solcher Weg verbietet sich, und wer ihn dennoch vorschlägt, sollte redlicherweise aufhören, »Gewaltfreiheit« auf seinen Pappdeckel zu schreiben. Es ist deshalb verantwortungsethisch ebenfalls geboten, einen Ausstiegsmodus zu finden, der den Tatsachen Rechnung trägt. Auch der Ausstieg muß behutsam sein. Er muß mancherlei Rücksichten nehmen und kann deshalb nur schrittweise erfolgen. Damit erlangt die Atomtechnik den Status, den sie heute im Urteil der Mehrheit auch hat, den Status einer Übergangstechnik.

Der minimale Ausstiegsmodus besteht darin, keine neuen

Atomkraftwerke mehr zuzulassen. Weil das technisch und moralisch das Gebot der Stunde ist, würde damit der Ausstieg auf längere Frist de facto bewerkstelligt. Nächste Schritte in einem angemessenen Ausstiegsmodus lassen sich damit günstig verbinden, etwa ein schrittweises Abschaltprogramm. Ein solches Stufenprogramm würde auch wirtschaftlichen und gesellschaftlichen Aspekten Rechnung tragen. Unternehmen, die in der Atomtechnik engagiert sind und entsprechende personelle und finanzielle Kapazitäten gebunden haben, müssen in einem genügend langen Zeitraum umdisponieren können und zwar eher organisch als schockartig – dies nicht zuletzt im Interesse der betroffenen Menschen. Es dürfte für alle Beteiligten nicht leicht sein, mit dem Umstand fertig werden zu müssen, daß man sich noch in den 60er Jahren auf der Heldenseite wähnte, um in den 70ern und 80ern für überholt und schrottreif erklärt zu werden. Wenn es gelingt, die nachfolgenden Manager-, Wissenschaftler- und Technikergenerationen von den überholten Visionen abzubringen und sie auf die neuen Entwicklungspfade und Spitzentechnologien zu orientieren, ist das Problem auf die natürlichste Art geregelt. Mit der gleichzeitig fällig werdenden Umschichtung von Mitteln muß man nicht im gleichen Maße und ganz so lange warten. Damit kann man, Schritt für Schritt, sofort beginnen.

Ein absehbares Ende mit dosiertem und begrenztem Schrekken für die Atomindustrie und ihre Beschäftigten ist besser als ein unabsehbarer Schrecken ohne Ende für alle. Es ist höchste Zeit, die Mittel für neue Entwicklungen, neue Spitzentechniken, neue Beschäftigungen in neuen Industriezweigen bereitzustellen, nicht zuletzt für neue Energiequellen. Rationellerer Energieeinsatz ist eine Gewinnquelle. Die Energiewirkungsgrade unserer Verbrennungstechniken sind noch dermaßen gering, daß große Fortschritte auf diesem Gebiet so gut wie sicher sind, wenn man sie nur will. Die Solar-, Laser- und Lichttechnik bieten ein weites Feld, das erst in Anfängen erschlossen ist. Energetische Möglichkeiten der Bio- und Gentechnik sind noch kaum systematisch untersucht.

Es liegen so viele Möglichkeiten vor uns, sicherlich auch mögliche Fehlentwicklungen. Aber das ist kein Grund, um an den Fehlentwicklungen der Vergangenheit festzuhalten. Unsere Vorväter haben aus Deutschland eine große Industrienation gemacht, nicht etwa, weil sie sich an den schwachen Leistungen anderer orientiert hätten, sondern weil sie sich an den damaligen Spitzenleistungen orientiert haben und sich zum Ziel setzten, diese noch zu übertreffen. Dieser Pioniergeist ist es, den wir heute wieder brauchen. Nur muß er heute auf andere Ziele gerichtet sein – nicht mehr auf den industriellen Aufbau, sondern den Umbau; nicht mehr auf bloßes Mengenwachstum, sondern auf qualitativen Wertzuwachs; nicht mehr bloß auf steigende Arbeitsproduktivität, sondern auch auf steigende Energieproduktivität.

Ökologische Frage und Umwelt

Eine epochale Herausforderung

Seit Beginn der 70er Jahre ist von öffentlichen Diskussionen über Bürgerinitiativen bis zur Gesetzgebung zum Umweltschutz vieles in Bewegung geraten. Trotzdem wird die weitreichende Bedeutung der Umweltfrage immer noch unterschätzt. Umweltpolitisch stehen wir zwar nicht am Punkt Null. Es gibt aber immer noch Zeitgenossen, die meinen, der hohe Stellenwert der Umweltproblematik sei ein Zeitgeistphänomen, das von den Medien künstlich hochgespielt werde. Umweltprobleme habe es schließlich schon immer gegeben. Noch ein paar Jahre, und das Thema werde von alleine wieder in den Hintergrund treten. Es stimmt: Umweltprobleme gibt es, seit der Mensch die Natur systematisch bearbeitet und bebaut, und es mag ebenso stimmen, daß die neuere Ökologiebewegung eine Zeitströmung ist, die sich über kurz oder lang wieder auflöst. Derartiges geschah zum Beispiel schon einmal in der ersten Jahrhunderhälfte mit der damaligen Naturfreundebewegung und der angelsächsischen »Conserver«-Bewegung, denen wir die schönen Naturparks verdanken. Die Umweltprobleme gibt es jedoch nicht, weil es diese Bewegungen gegeben hat, sondern solche Bewegungen bilden sich, weil es eine Vielzahl an Umweltproblemen gibt. Je weiter die industrielle Entwicklung voranschritt, desto rascher nahmen die Probleme der Ressourcennutzung, des Energieverbrauchs und der Belastung der Umweltmedien Boden, Wasser und Luft ganz neue Dimensionen an. Und das ist in der Geschichte der Menschheit zum ersten Mal in diesem Ausmaß der Fall.

Die ökologische Frage wird für unabsehbar lange Zeit auf unserer Tagesordnung stehen. Das heißt, wir müssen uns einem politischen Gestaltungsauftrag stellen, vergleichbar dem Auftrag zur Demokratie, zur wirtschaftlichen Ordnungs- und Stabilitätspolitik und zur Sozialpolitik. Wie die Lage auf diesen Gebieten, so entwickelt sich auch die Umweltproblematik ständig weiter. Es ist deshalb nicht damit getan, die ökologische Frage einmal zu einer bestimmten Zeit zu beantworten und zu meinen, sie sei damit ein für allemal beantwortet. Auch die ökologische Frage muß von Zeit zu Zeit neu formuliert und zeitgemäß beantwortet werden.

Mit dem Übergang vom Aufbau zum Umbau der industriegesellschaftlichen Lebensbedingungen geht die Zeit der ökologischen Flickschusterei zu Ende. Es entwickelt sich eine systematisch integrierte Umweltpolitik. Und man muß von ihr erwarten dürfen, daß sie nachhaltig wirksam ist, dabei aber verhandlungs- und änderungsfähig bleibt. Ursprünglich war Umweltpolitik weitgehend Gesundheitspolitik. Typisch dafür ist das Beispiel der Wasserversorgung und Kanalisation. Im Laufe der Zeit wurde jedoch deutlich, daß das Ziel nur erreicht werden kann, wenn man nicht nur den Menschen vor vom Menschen hergestellten Problemstoffen in der Umwelt schützt, sondern auch die Umwelt als solche vor menschlichen Fehleingriffen bewahrt. Es nützt ja nichts, wenn alle Wasser haben, dieses aber verschmutzt ist. So gesehen könnte man sagen, daß sich die Gesundheitspolitik um gesunde Menschen, die Umweltpolitik um gesunde Böden, Gewässer und reine Luft zu sorgen hat. Unter diesem Aspekt geht es um Schutz und Vorsorge unserer Lebensgrundlagen. Darüber hinaus bedeutet Umweltschutz aber auch Ressourcenpolitik. Es müssen genügend Ressourcen zur Verfügung stehen. Wir dürfen keinen Raubbau treiben. Es geht um die nachhaltige Bewirtschaftung der Ressourcen als Produktions- und Unterhaltsmittel. Auch in der Ressourcenbewirtschaftung gibt es lange Traditionen, zum Beispiel Gesetze, damit eine ausgewogene Abholzung und Nachpflanzung der Waldbestände gewährleistet ist. Heute wachsen traditionelle und neue Aufgaben zu einem ganz neuartigen Komplex zusammen. Die Umwelt- und die Ressourcenpolitik sowie der Vorsorge- und der Schutzaspekt sind dabei von vornherein eng miteinander verflochten.

Ökologische und soziale Frage

Sozialpolitik kann nur erfolgreich wirken, wenn sie die Perspektive einer umfassenden Gesellschaftspolitik besitzt. Für die Umweltpolitik gilt dies sinngemäß genauso, ja vielleicht sogar noch stärker. Zwischen Umwelt- und Sozialpolitik besteht eine eigentümliche Strukturverwandtschaft. Was die klassische soziale Frage für die Periode des industriellen Aufbaus war, das ist die ökologische Frage für den anstehenden Umbau. Den damaligen Kämpfen zwischen wirtschaftlichen und sozialen Interessen entspricht heute der Konflikt zwischen Ökonomie und Ökologie.

Der Faktor Arbeit wurde in der damaligen Wirtschaft zunächst nicht angemessen berücksichtigt. Die Arbeitskraft wurde in kurzsichtiger Weise ausgebeutet, breite Schichten verelendeten und verwahrlosten. Dem setzten die sozialen Kräfte eigene Initiativen entgegen, zum Beispiel Genossenschaften, Volksbildung, gemeindebezogene Sozialarbeit, und eine umfassende Arbeits- und Sozialgesetzgebung, die von der Verkürzung des Arbeitstages bis zu den großen Systemen der Unfall-, Kranken-, Renten- und Arbeitslosenversicherung reichte. Die historische Wahrheit ist, daß Marktwirtschaft und Sozialstaat ohne einander längst darniederlägen. Sie stehen in einem Verhältnis wechselseitiger Konditionierung. Nicht nur braucht der Sozialstaat eine florierende Wirtschaft, um sich zu finanzieren, sondern auch umgekehrt gilt, daß eine hochentwickelte Wirtschaft eine Bevölkerung voraussetzt, die qualifiziert und gesund, gut versorgt und gegen die großen Lebenskrisen sozial gesichert ist.

Bei der ökologischen Frage zeigt sich nun ein ähnliches Muster. Der Faktor Umwelt wird heute zwar schon recht bewußt wahrgenommen, aber wirtschaftlich immer noch vergleichbar ungenügend einkalkuliert wie früher der Faktor Arbeit. Deshalb wird an der Umwelt Raubbau getrieben. Ressourcen und Energie werden unnötig verschwendet und die Umweltmedien werden übermäßig belastet, was zum zeitweiligen Kollaps oder gar zur völligen Zerstörung von Ökosystemen führen kann wie zum Beispiel beim Waldsterben in bestimmten Lagen, der saisonal explosionsartigen Algenvermehrung in der Nordsee, überhaupt dem sogenannten Umkippen von Gewässern oder der Vergiftung von Böden. Unsere Umwelt befindet sich gewissermaßen im Stadium der Ausbeutung und Verelendung. Vor diesem Hintergrund haben immer mehr Bürger begonnen, sich für die Umwelt als einem Gemeinwohl-Interesse zu engagieren und sich zu organisieren. Wie beim Aufbau des Sozialstaats entsteht auch hier unter dem Druck der Probleme und der engagierten Öffentlichkeit eine Schutz- und Vorsorgegesetzgebung. Und wie damals stehen die Vorhaben, die zu einer ökologischen Wirtschafts- und Lebensweise führen sollen, von zwei Seiten unter extremistischem Beschuß.

Was damals der extreme Wirtschaftsliberalismus war, wird heute treffender als Technokratie charakterisiert. Das Gegenstück zur Technokratie ist der grüne Fundamentalismus. Die Technokraten behaupten, nur eine ungehinderte Entfaltung von Naturwissenschaft und Technik könne Umweltprobleme lösen. Umweltpolitik dagegen, in welcher Form auch immer, führe nur zu Behinderungen und Belastungen der Wirtschaft.

Umweltauflagen würden gravierende Wettbewerbsnachteile mit sich bringen, die Wirtschaft gerate ins Hintertreffen, und eine rückständige industrielle Wirtschaft – zumal bei hoher Bevölkerungsdichte – wirke allemal umweltzerstörend. Dagegen unterstellen die grünen Fundamentalisten rundheraus, eine Industriegesellschaft und ihre Art moderner Naturwissenschaft und Technik sei grundsätzlich umweltzerstörerisch. Da gäbe es nichts zu reden und zu richten. Der einzig ökologische Weg sei der eines radikalen Ausstiegs. Wohin dieser führen soll, bleibt im dunkeln. Jedoch weisen die grünen Vorstellungen einer handelspolitisch abgeschotteten und stationären Wirtschaft deutlich in Richtung auf einen bürokratischen Zentralismus. Das Gerede von »Dezentralisierung« und »Basisdemokratie« kann darüber nicht hinwegtäuschen.

Nun gibt es zwischen der klassischen sozialen Frage und der ökologischen Frage nicht nur Strukturverwandtschaften, sondern auch Unterschiede. Die in den Auseinandersetzungen der industriellen Aufbauzeit errungenen Institutionen – insbesondere eine offene parlamentarische Demokratie, ein pluralistisches Parteien- und Verbandswesen, Rechtsstaat und Sozialstaat – setzen uns glücklicherweise in eine relativ vorteilhafte Ausgangslage, um der ökologischen Herausforderung wirksam zu begegnen. Der Konflikt zwischen Ökonomie und Ökologie wird heute in sehr viel zivilisierteren Bahnen ausgetragen als der Konflikt zwischen Kapital und Arbeit vor hundert Jahren. Die häufig an die Wand gemalten »harten Macher« und die »Aussteiger«, letztere wahlweise mit sanfter »Müslimentalität« oder gewaltgeneigter »Molotow-Cocktail«-Mentalität, sind mehr propagandistische Gespenster als reale Gestalten. In der breiten Mehrheit unserer Gesellschaft sind diese Positionen heute nicht resonanzfähig.

Im Verlauf der 80er Jahre ist man relativ rasch zu der Einsicht gekommen, daß Ökonomie und Ökologie keinen unversöhnlichen Gegensatz bilden. Auch Ökonomie und Ökologie stehen in einem Verhältnis wechselseitiger Konditionierung. Sie kosten und schulden einander nicht nur etwas, sie profitieren auch voneinander. Wir können absehen, daß es mit der Zeit möglich sein wird, die soziale Marktwirtschaft zu einer auch ökologischen sozialen Marktwirtschaft weiterzuentwikkeln. Die dafür nötige breite Meinungs- und Willensbildung findet bereits statt, und das nicht zuletzt auch in den verantwortlichen Wirtschaftskreisen, auf die es in diesem Zusammenhang besonders ankommt. Wir erleben gegenwärtig ein Umschwenken von der früheren reinen Abwehrhaltung in der Umweltfrage zu einer konstruktiveren und innovationsfreudigeren Haltung, die sich die Lösung von Umweltproblemen auch offensiv zu eigen macht. Man hat erkannt, daß Umweltschutz nicht nur Geld kostet, sondern daß eine intelligente Ressourcen- und Umweltnutzung auch Kosten sparen kann. Fortgeschrittene Umwelttechniken und ihr Know-how können Gewinn bringen. Nachhaltiger Umweltschutz macht sich nicht nur für die Umwelt und für Gesundheit und Lebensqualität bezahlt, sondern auch für die Wirtschaft.

Internationale Abhängigkeiten

Allerdings, der Weg von der Einsicht bis zu ihrer praktischen Umsetzung ist oft lang und steinig. Wenn Umsetzungen langsamer geschehen als sie geschehen könnten, liegt das nicht nur an fehlendem Willen, sondern auch an einer Reihe schwieriger Rahmenbedingungen. Zu diesen gehört die internationale Verflechtung im europäischen und weltweiten Maßstab. Die klassische soziale Frage stellte sich damals zwar in allen fortgeschrittenen Industrieländern, aber die Antwort darauf konnte Land für Land in nationaler Souveränität gegeben werden. Deshalb gibt es bis heute selbst unter europäischen Nachbarn eine zum Teil sehr unterschiedliche Arbeits- und Sozialgesetzgebung. Die ökologische Frage dagegen stellt sich von vornherein international. Um die ökologische Frage richtig zu beantworten, muß man ebenso global wie lokal denken – oder genauer gesagt global, national und lokal, und man muß auf allen drei Ebenen in abgestimmter Weise handeln.

Es hat zum Beispiel nicht viel Sinn, bei uns mit hohem Aufwand eine vorbildliche Luftreinhaltepolitik zu betreiben, wenn die Nachbarn nicht mitziehen. Die Luftreinhaltepolitik hat in der dichtbesiedelten und hochindustrialisierten Bundesrepublik zu Recht einen hohen Stellenwert. Hier haben wir auch große Erfolge zu verbuchen. Die Emissionen von Staub und SO_2 sind bereits erheblich zurückgegangen, und mit dem erfreulich prompten Vollzug der Großfeuerungsanlagenverordnung 1983 und der TA Luft 1986 kann man davon ausgehen, daß statt jährlich 3,6 Mio. t SO_2 wie noch in den 60er Jahren in den 90ern nur noch 0,9 Mio. t emittiert werden und statt 1,8 Mio. t Staub nur noch 0,5 Mio. t. Aber der Wind weht über alle Grenzen hinweg. Fährt man jenseits der Grenzen fort, luftverschmutzend zu produzieren, so profitiert man dort von der reineren Luft mit, während die Anstrengungen diesseits der Grenze durch den unfreiwilligen Import weiterhin verschmutzter Luft mehr oder weniger zunichte gemacht werden. Zugleich werden die sauberer produzierten Güter durch den Luftreinhalteaufwand teurer, und die weiterhin luftbelastend produzierten im Vergleich dazu billiger. Im Ergebnis würden diejenigen, die nicht mitziehen, zweimal ungerecht profitieren: einmal vom Umweltschutz der anderen, und zweitens vom höheren Verkauf ihrer Güter bei den anderen. Die Umwelt-Vorreiter dagegen sähen sich zweimal geschädigt: ihre Umweltschutz-Maßnahmen werden teilweise zunichte gemacht, und obendrein gerät ihr Güterabsatz ins Hintertreffen.

Eigentlich müßten wir auf lange Sicht dahin kommen, daß Staaten, in denen bestimmte Grenzen der Luft- und Gewässerbelastung nicht eingehalten werden, völkerrechtlich sanktioniert werden können. Denn solche Staaten vergehen sich wider die natürlichen Lebensbedingungen der globalen Völkergemeinschaft. Aber das ist Zukunftsmusik. Vorerst werden solche Umweltbelastungen ja meist noch nicht einmal als Vergehen begriffen, und selbst illegale Umweltsünden werden noch häufig genug hinter vorgehaltener Hand als Kavaliersdelikte abgetan. Deshalb sind die Realitäten ganz andere: Wer umweltschonend produziert, während die anderen dies nicht tun, riskiert, aus dem Markt »gepreist« zu werden. Eine Untersuchung im Auftrag der EG-Kommission fand heraus, daß die Gesamtkosten bei der Ölraffinerie, die durch Erfüllung von Umweltvorschriften entstehen, 1985 in der Bundesrepublik 3,38 ECU pro Tonne betrugen, in Frankreich, Belgien und Holland jedoch nur 1,00 ECU, und in den anderen EG-Ländern noch weniger. Auf Dauer kann ein solches Gefälle von 3,38:1,00 schwerlich aufrechterhalten werden, besonders dann nicht, wenn es nicht nur beim Mineralöl, sondern bei einer großen Vielzahl von Produkten besteht.

Gleichwohl darf dieses richtige Argument nicht als Ausrede für Untätigkeit mißbraucht werden. Wohlüberlegte Alleingänge sind ein Stück weit möglich. Die Einheitliche Europäische Akte sieht diese Möglichkeit ausdrücklich vor. Schließlich birgt die Vorreiterrolle nicht nur Risiken, sondern auch Chancen. Zu diesen Chancen gehört die Aussicht, durch fortgeschrittene Regelungen und Technologien eine Vorsprungsrente zu erzielen, sobald sich die Konkurrenz gezwungen sieht, nachzuziehen.

Wir müssen den armen Ländern helfen. Nach dem Krieg gab es einen Marshall-Plan für das vom Krieg zerstörte Westdeutschland. Heute sollte die Bundesrepublik als Initiator eines ökologischen Marshall-Plans für Mittel- und Osteuropa und die Länder der Dritten Welt auftreten.

Wohlstandswachstum und Umweltbelastung – ein unverantwortbares Dilemma

Die Lage kompliziert sich, weil nicht nur »Wirtschaft und Soziales« sowie »Ökonomie und Ökologie« in einem teilweise konflikthaften Ergänzungsverhältnis zueinander stehen, sondern auch Sozialpolitik und Umweltpolitik. Zwar gehen Arbeitgeber wie auch Gewerkschaften mittlerweile davon aus, daß Umweltschutz und Arbeitspläne im Prinzip keine gegensätzlichen Ziele darzustellen brauchen. In der Praxis hier und jetzt kommt es dennoch zu diesem Zielkonflikt. Die Stillegung technisch überalterter Betriebe kann strukturpolitisch und umweltpolitisch erwünscht sein. Aber für die Betroffenen bedeutet es den schmerzhaften Verlust ihrer alten Arbeitsplätze. Das stürzt gerade ältere Arbeitnehmer mit ungünstigen Qualifikationsvoraussetzungen in schwere Lebenskrisen. Nicht alle Probleme des Strukturwandels können durch flankierende Sozialmaßnahmen aufgefangen werden. Dagegen hat sich die Behauptung, zu hohe Umweltauflagen würden Betriebe ruinieren und damit Arbeitsplätze vernichten, praktisch als gegenstandslos erwiesen. Bis heute konnte ein solcher Zusammenhang in der Praxis nicht nachgewiesen werden. Es fragt sich allerdings, ob dies an eher laxen Umweltschutzbestimmungen oder an der flinken Umstellungs- und Lernfähigkeit der Betriebe und ihrer Mitarbeiter liegt.

Weniger bekannt als die Frage nach den Arbeitsplätzen, und auch von den meisten Fachleuten kaum erkannt, ist der Zielkonflikt zwischen sozialer Sicherheit und Umweltschutz. Unser System der sozialen Sicherheit, besonders die dynamische Rente, beruht auf Wirtschaftswachstum. Eine Vielzahl von gesetzlich verbrieften Leistungen bilden heute einen allgemeinen sozialen Besitzstand. Die Menschen planen ihr Leben teilweise aufgrund dieser Leistungsansprüche. Der soziale Besitzstand kann nur garantiert werden, wenn das Wirtschaftsvolumen langfristig wächst. Denn unsere Renten sind zwar gemäß dem Versicherungsprinzip leistungsbezogen, aber das bedeutet nicht, daß man mit den eigenen Rentenbeiträgen seine spätere Rente finanziert. Finanziert wird die Rente per Umlageverfahren im Generationenvertrag, nicht per Kapitaldekkungsverfahren. Schon alleine daraus erwächst ein nicht von der Hand zu weisender Wachstumszwang. Unter den bisherigen industriellen Bedingungen aber bedeutete mehr Wachstum zugleich mehr Umwelt- und Gesundheitsbelastung. Lebensstandard und Umweltqualität scheinen da im Widerstreit zu liegen, und wir befinden uns so gesehen in einem Dilemma: Wenn wir die Einkommens- und Versorgungssicherheit hochhalten, müssen wir Abstriche am Schutz der Umwelt und an der Sicherheit von Leib und Leben hinnehmen oder anders gesagt, große Risiken für Gesundheit und Umwelt eingehen. Wenn wir dagegen einem risikoarmen Schutz von Gesundheit und Umwelt den Vorrang geben, müßten wir einen geringeren Konsumstandard und ein im Durchschnitt niedrigeres Niveau sozialer Leistungen ins Auge fassen.

Vorsorgende Umweltpolitik aus der Perspektive sozialer Ökologie

Es gibt einen Ausweg aus dem Dilemma zwischen sozialen und ökologischen Interessen. Der Ausweg, wie bei der Auflösung jedes Widerspruchs, liegt darin, das Problem in einen größeren Zusammenhang zu stellen. Dann zeigt sich die grundsätzliche Gleichartigkeit sozialer und ökologischer Fragen: Beide beziehen sich auf das Verhältnis des Industriesystems zu seiner Umwelt. Es handelt sich um die Frage, wie das Industriesystem rückgebunden ist an die Alltagswelt der Menschen und überhaupt an Kultur und Natur. Von diesen Bindungen hat das

Industriesystem sich während seines Aufbaus teilweise entfremdet. Sein Umbau macht die Anbindung an Kultur und Natur jedoch wieder zum Ziel gesellschaftlicher und politischer Anstrengungen. Darin liegt die Perspektive sozialer Ökologie. In dieser Perspektive werden soziale und ökologische Fragen nicht länger getrennt voneinander behandelt, sondern von vornherein in bezug aufeinander.

Die Lösung der klassischen sozialen Frage lag darin, die Institutionen des Sozialstaats aufzubauen *und* gleichzeitig durch verbesserte Organisation und Technik die Arbeitsproduktivität so zu erhöhen, daß ein allgemein hohes Wohlstands- und Sozialleistungsniveau erzielt werden konnte. Man hat nicht immer mehr Armen immer mehr Almosen und Bettelsuppe gegeben, sondern Arbeit und sozial abgesicherte Einkommen. Entgegen einem verbreiteten Vorurteil ist unser Sozialstaat überwiegend kein kompensatorischer, das heißt erst nachträglich eingreifender, sondern ein durch Versicherungssysteme u. a. planvoll vorbeugender. Nur zum geringen Teil hat dieser Sozialstaat noch etwas mit Fürsorge für Arme zu tun, aber um so mehr mit organisierter Vorsorge für die wohlhabend gewordende Mehrheit der Bevölkerung.

In ganz gleicher Weise liegt die Lösung der ökologischen Frage nicht darin, eine immer beschädigtere Umwelt notdürftig zu sanieren und von einer hilflosen Krisenintervention zur nächsten zu stolpern, sondern durch organisierte Vorsorge und nachhaltige Bewirtschaftung es gar nicht erst zu Raubbau und Umweltzerstörung kommen zu lassen. Dazu bedarf es bestimmter Gesetzgebungen, des Aufbaus entsprechender privater und öffentlicher Einrichtungen und eines effektiveren Einsatzes natürlicher Ressourcen durch verbesserte Organisation und wirksamere Technologie.

Vom nachgeschalteten zum integrierten Umweltschutz

Es ist gut, mehrstufige Kläranlagen zu betreiben, die einem Produkionsvorgang nachgeschaltet sind, aber es ist besser, ein Produktionsverfahren zu entwickeln, das von vornherein weniger Wasser verbraucht und verschmutzt. Es ist besser als nichts, mit Katalysator zu fahren, aber es ist viel besser, mit Motoren zu fahren, die von vornherein weniger Kraftstoff verbrauchen und diesen rückstandsfreier verbrennen. Der nachträgliche Umweltschutz wird damit zum vorbeugend integrierten Umweltschutz. So ist zum Beispiel die Mehrfachnutzung von Wasser in industriellen Produktionsprozessen schon beachtlich weit fortgeschritten. Nur noch rund ein Viertel des verwendeten Wassers ist Frischwasser, was bedeutet, daß jeder Kubikmeter Wasser etwa viermal genutzt wird.

Betrachtet man das gesamte Spektrum umwelttechnischer Maßnahmen und Strategien, zeigt sich eine abgestufte Hierarchie von nachgeschalteten zu integrierten Lösungen. Zu den typischen nachgeschalteten Lösungen gehört so ziemlich alles, was Entsorgung heißt. Mit diesem Wort wird viel Schindluder getrieben. Viele Abfälle werden überhaupt nicht wirklich entsorgt, sondern mehr oder weniger kontrolliert in die Umwelt gekippt. Endlagerung von Giftmüll im Salzstock, in der Wüste, im Hinterland der Dritten Welt oder Verklappen, das heißt Auskippen auf See, sind ja wohl keine Problemlösungen, sondern Problemverlagerungen mit langfristigen Verschlimmerungswirkungen.

Die Entsorgungsfrage ist die Schwachstelle des Atomstroms. Auch eine Reihe anderer Produktionen, von der Landwirtschaft über die Grundstoffindustrien, die Chemie, bis zu anderen verarbeitenden Industrien, haben ihre neuralgischen Punkte. Es bleiben große Mengen von giftigen oder anderweitig problematischen Reststoffen, deren Freisetzung unmittelbar umwelt- und gesundheitsschädigend wirkt. Wenn man sie lagert, müßte man sie auf Jahrhunderte unter Kontrolle behalten. Diese Möglichkeit überhaupt ins Auge zu fassen, ist grotesk. Deshalb ist es an der Zeit, sich allen Ernstes klarzumachen, daß Produktions- und Konsumprozesse, deren Entsorgung nicht im vorhinein geklärt ist, kaum noch verantwortet werden können. Die umweltverträgliche Beseitigung von Reststoffen ist *Teil* der Produktion, wenn man so will der letzte Abschnitt *im* Produktions- und Konsumprozeß; funktioniert dieser Abschnitt nicht, wird die gesamte Produktion und ihr Verbrauch hinfällig. Sie müssen konsequenterweise abgestellt oder durch andere Optionen ersetzt werden.

In einer dichtbevölkerten und global vernetzten Welt können wir nicht mehr wie früher den Dreck einfach vor die Tür kippen und damit rechnen, daß die Natur den Rest erledigt. So geben wir nur der Natur und uns den Rest. Jemand, der die Auspuffabgase in den Innenraum seines Wagens leitet, ist ein Verrückter oder ein Selbstmörder. Aber genau das ist die Lage, in der wir uns global befinden. Die Grenzen der Belastbarkeit unserer Biosphäre sind erreicht. Es gibt für uns kein »draußen« mehr. Es gibt übrigens auch kein »drunter«. Unter zerstörten oder erodierten Böden ist kein anderer Boden mehr, sondern nur nackter Stein, wie in einem Blumenkübel auf dem Kurfürstendamm. Man muß sich das ein für allemal klarmachen.

Natürlich wird es eine völlig reststoffreie Produktion auch in Zukunft kaum geben. Es hängt davon ab, wieviel und welche Art von Reststoff und auf welche Weise er anfällt. Entsprechend können Reststoffe behandelt werden, zum Beispiel in Kläranlagen mit mehreren Stufen, in Entstickungs- und Entschwefelungsanlagen, mit dem berühmten Katalysator, durch Kompostierung von Abfällen, Müllverbrennung u. ä. Bereits die meisten dieser nachgeschalteten Lösungen sind keineswegs simpel, sondern gehören teilweise schon in den Bereich der Hochtechnologie. Sie erfordern viel Forschungs- und Entwicklungsaufwand und ebenso viel Know-how und Kapital. Sie können die bisherige Belastung der Umwelt zum Teil erheblich reduzieren. Jedoch ändern sie am Produktionsprozeß und den Produkten selbst in der Regel nichts. Oder sie bewirken, wie der Katalysator, der zu einem erhöhten Benzinverbrauch führt, sogar einen Mehrverbrauch von Ressourcen.

Nachgeschaltete Umwelttechniken bringen in vielen Fällen leider auch keine echte Problemlösung, sondern eher eine Problemverschiebung, wenngleich eine relativ günstigere als das primitive Auskippen und Wegwerfen. Der Katalysator reinigt zwar Abgase. Er tut dies aber nur bei bestimmten mittleren Betriebstemperaturen, hat auch darüber hinaus eine Reihe von Funktionsproblemen, die seine Wirkung teilweise drastisch herabsetzen, und schließlich muß er selbst auch entsorgt werden. Kläranlagen verringern die Wasserverschmutzung, produzieren aber zum Teil hochbelasteten Klärschlamm, der selbst wieder deponiert oder verbrannt werden muß. In jedem Fall sind solche Maßnahmen etwas Zusätzliches und kosten deshalb zusätzliches Geld. Das ist der wirtschaftliche Grund, weshalb nur wenige Unternehmen solche Umweltschutzmaßnahmen freiwillig ergreifen. Der heute bereits erreichte Stand der Aufwendungen für Umweltschutz mußte weitgehend per Gesetz auferlegt werden.

Sich mit hohen Umweltschutzaufwendungen zu rühmen, ist ähnlich absurd, wie hohe Gesundheitskosten mit einem hohen Gesundheitsniveau zu verwechseln. Wenn die Kosten der kurativen Behandlung von Erkrankungen dienen, dann sind höhere Kosten ein Indiz für schlechtere Gesundheit. Genauso im Umweltschutz. Hohe Investitionen und Betriebskosten für nachgeschaltete Maßnahmen sind ein Indiz dafür, daß es um Ressourcen und Umwelt eher schlecht bestellt ist. Gewiß wären die Umweltschäden bei unterlassenen Maßnahmen noch viel schlimmer. Die Schadenskosten übertreffen die Schutzkosten in der Regel um ein Mehrfaches. Deshalb ist auch nachträglicher Umweltschutz, sozusagen als erste Interventionsstufe, unabdingbar und wird es in gewissem Ausmaß auch immer bleiben. Dennoch darf man die vermeintlichen Erfolgsbilanzen zunehmender nachgeschalteter Umweltschutzaufwendungen nicht mißverstehen. Es hat keinen Sinn, sich hier in die eigene Tasche zu lügen.

Auf der nächsten Stufe, dem Recycling, wird die Sachlage bereits anders. Recycling bedeutet, daß Abfälle, Abgase und Abwässer nach Möglichkeit in getrennte Ströme sortiert werden. So lassen sich Teile davon rückgewinnen und wiederverwerten. Damit werden Ressourcen eingespart und die Umweltmedien in vielen Fällen weniger stark belastet. Mit dem Recycling beginnt der systematische Übergang vom nachträglichen Eindämmen zum vorsorglichen Vermeiden von Umweltbelastungen an der Quelle.

Auch auf diesem Gebiet ist schon Beachtliches geleistet worden. So hat sich zum Beispiel die Altglasverwertung in den vergangenen zwanzig Jahren verzwölffacht, die Weißblech- und Kunststoffverwertung verdoppelt bis verdreifacht. Altöl wird heute zu 94% aufbereitet. Während vor zwanzig Jahren noch alle Batterien auf dem Müll landeten, werden heute immerhin 40% der Quecksilberbatterien wiederverwendet.

Diese Entwicklung hat sicherlich auch damit zu tun, daß hier nicht nur Kosten entstehen, sondern auch eingespart werden können. Nicht zufällig hat der Alt- und Gebrauchtwarenhandel seit je eine feste Funktion. So manches Unternehmen, das sich bislang wenig Gedanken machte, hat inzwischen seinen Abfluß buchstäblich als Goldmine entdeckt. Gold, Silber, Chrom, Platin, Blei und eine Fülle weiterer kostspieliger Metalle und Chemikalien können – auch in Gasform – teilweise kostensparend wiedergewonnen statt weggeschüttet werden. Die Firma »3M« hat sich deshalb bereits in den 70er Jahren mit einem »3P«-Programm hervorgetan: Profits from Pollution Prevention. Hat man in der Industrie erst einmal begonnen, sich dieser Möglichkeit zuzuwenden, stellt sich bald ein beachtlicher Erfindungsreichtum ein.

Die Entsorgungskosten werden künftig radikal in die Höhe schnellen. Angesichts dieses Kostendrucks wird man nach Wegen suchen müssen, Abfälle und Reststoffe zu vermindern oder überhaupt zu vermeiden. Hohe Preise beflügeln Anstrengungen zum Recycling. Allerdings gilt auch das umgekehrte. Wo Produkte nur ein Umweltproblem aber keinen nennenswerten Kostenfaktor darstellen, da erlahmt die Innovationsfreude. Ein typisches Beispiel hierfür bietet die weiterhin zunehmende Verwendung von Einwegflaschen und Dosen als Getränkeverpackung. Flaschen und Dosen sind zwar teuer, aber offenbar nicht teuer genug, um ein Pfandsystem lohnend erscheinen zu lassen. Hier muß der wirtschaftliche Anreiz aus umweltpolitischen Gründen künstlich geschaffen werden, möglicherweise durch eine Verteuerung von Glas- und Dosenbehältern in Verbindung mit einem spürbar hohen Pfand.

Die wirklich integrierten Lösungen von Umweltfragen liegen noch vor dem Recycling. Die Mengen an benötigten Ressourcen müssen gering gehalten werden und Umweltmedienbelastungen sollten vermieden bzw. klein gehalten werden. Dies ist nur möglich durch fortentwickelte Verfahren, veränderte Produkte oder überhaupt durch neue Erfindungen. Zum Beispiel hat sich erwiesen, daß sich der Energiewirkungsgrad von Maschinen meist noch verbessern läßt. Sie erzielen dann die gleiche Leistung mit weniger Energieaufwand. Neue Lampen können heller leuchten und dabei weniger Strom verbrauchen. In Farben und Lacken kann statt problematischer Stoffe vielfach auch Wasser als Lösungsmittel verwendet werden. Toxische Farbpigmente können teilweise durch andere ersetzt werden. Durch Trockenkühlung kann auf Wasser als Kühlmittel weitgehend verzichtet werden. Usw. usf.

Die Umwelteffizienz einzelner Verfahren und Produkte erhöht sich, wenn sie miteinander kombiniert werden. Dazu gehört etwa die schon erwähnte Mehrfachnutzung von Brauchwasser, oder das Prinzip der Wärmekaskade, mit der Energieverluste infolge ständig wechselnden Aufheizens oder Abkühlens verringert werden. Das Prinzip besteht darin, vormals getrennt ablaufende Prozesse auf intelligente Weise miteinander zu verzahnen. Zu diesen kombinierten Nutzungen oder Verbundlösungen gehört auch die Wärme-Kraft-Kopplung, die kombinierte Wärme- und Stromerzeugung.

In der Landwirtschaft ist die Schädlichkeit entmischter Monokulturen und die Nützlichkeit einer integrierten Mischwirtschaft besonders deutlich geworden. Eigentlich dürfte es eine so intensive Viehwirtschaft wie bei uns ohne Biogasanlagen überhaupt nicht mehr geben, und zwar nicht, weil das Biogas auch als Energie interessant sein kann, sondern vor allem, um die boden- und wasserbelastende Gülle schadlos zu machen. Bei fehlender Schwermetallbelastung erhält man sogar einen hochwertigen Dünger.

Die allgemeine Verbreitung von integrierten und kombinierten Verfahren nennt man auch strukturelle Ökologisierung. Man erkennt diese daran, daß sich Wirtschaftswachstum und Ressourcenverbrauch/Umweltbelastung entkoppeln. Der Energiekoeffizient sinkt. Das heißt, man braucht weniger Primärenergie um ein bestimmtes Wohlstands-Niveau aufrechtzuerhalten. Der Energiekoeffizient lag in den 60er Jahren noch bei 1,2 oder höher. Ein Prozent BSP-Wachstum ging mit 1,2 Prozent oder mehr Zunahme des Energieverbrauchs einher. Heute liegt der Energiekoeffizient um 0,8. Seit 1970 ist die Bruttowertschöpfung der deutschen Industrie um 37 % gestiegen, während der Energieverbrauch um 14 % und der Wasserverbrauch um 4 % gesunken ist. Das bedeutet verbesserte Qualität statt bloß mehr Quantität. Qualitatives Wachstum heißt Wertsteigerung statt Mengensteigerung.

Der Strukturwandel von der Industriegesellschaft herkömmlichen Typs zur Dienstleistungs- und Informationsgesellschaft muß nicht automatisch mit einer strukturellen Ökologisierung einhergehen. Praktisch ist dies aber der Fall, denn Modernisierung und Ökologisierung können auf geradezu ungezwungene und gewinnbringende Weise miteinander verbunden werden. Die industriell fortgeschrittensten Länder sind heute auch die ökologisch fortgeschrittensten, z. B. Schweden, Dänemark, Japan, USA. In diesen Ländern steigt der Wohlstand, während der Primärenergieverbrauch, der Rohstahlverbrauch, das Gütertransportgewicht oder die Zementproduktion sinken. Die Schornsteinindustrien gehen zurück. Auch die Bundesrepublik gehört zu dieser Gruppe, unterscheidet sich allerdings durch eine deutlich schlechtere Beschäftigungslage.

Nun soll mit diesen Ausführungen nicht suggeriert werden, der Weg zum integrierten Umweltschutz sei ein rein technischer. Zu technischen Umstellungen kommt es in der Regel überhaupt nur, wenn sich auch wirtschaftliche, politische und ethische Rahmenbedingungen und das Alltagsverhalten der Menschen ändern. Solange auf der Autobahn fröhlich gerast wird, ist dies ein Zeichen dafür, daß der integrierte Umweltschutz noch keinen großen Stich gemacht hat.

Dennoch wird niemand, der die Dinge einigermaßen sachlich zur Kenntnis nimmt, bestreiten, daß die Entwicklung längst in Richtung auf einen integrierten Umweltschutz geht. Auch im Umweltschutz heißt die strategische Linie: Statt nachträglichem Kurieren an Symptomen, Vorsorge an der Quelle, vom nachgeschalteten zum integrierten Umweltschutz und zur strukturellen Ökologisierung. Allerdings vollzieht sich diese Entwicklung nicht von alleine. Wir müssen hier noch sehr viel tun. Vor uns liegt ein weiter Weg.

Umwelt und Gesundheit

Abgestorbene Baumgerippe und sterbende Seehunde mögen schockieren und Mitleid erregen. Aber es betrifft uns selbst nicht direkt. Sobald es jedoch an die eigene Gesundheit geht, werden Umweltprobleme am ehesten als das empfunden, was sie in Wirklichkeit sind: als existentiell.

Im Prinzip werden negative Auswirkungen einer belasteten Umwelt auf die Gesundheit kaum von jemandem ernsthaft bestritten. Die hauptsächlichen Quellen der Beeinträchtigung sind belastete Lebensmittel, Wasser, Strahlung, Luftverschmutzung und Lärm. Blei zum Beispiel betrifft das blutbildende System, das Nervensystem und das Herz-Kreislauf-System. Cadmium kann nicht mehr zu heilende Nierenleiden hervorrufen. Nitrat und Nitrit in Wasser und Lebensmitteln sind Vorläufer in der Entstehung von Nitrosaminen, die als krebserzeugend gelten. Überhaupt gehen viele Experten davon aus, daß die meisten Allergien und 60–80 Prozent der menschlichen Krebserkrankungen auf anthropogene Stoffe und Substanzen in der Umwelt zurückzuführen sind oder diese zumindest mitursächlich entscheidend beteiligt sind. So gut wie sicher ist die krebserzeugende Wirkung von Luftschadstoffen wie polyzyklischen aromatischen Kohlenwasserstoffen, die aus nicht rückstandsfreien Verbrennungsvorgängen stammen, sodann an Aerosolpartikel gebundene Metallverbindungen und flüchtige organische Stoffe wie Benzol oder Vinylchlorid.

Besonders makaber ist die Vergiftung der Muttermilch. Die vermeintlich lebensspendende Muttermilch, die Säuglinge bei uns aufnehmen, enthält in nachweisbar vielen Fällen teilweise hochgiftige Organhalogenverbindungen wie PCB, DDT, Dioxine und Furane. Die meisten dieser Stoffe wurden früher als Pestizide in der Landwirtschaft eingesetzt. Hierzulande sind sie mittlerweile verboten, in vielen anderen Ländern jedoch noch nicht. Futtermittel aus Lateinamerika können sie enthalten, somit auch die Tiere, die bei uns damit gemästet werden und schließlich die Menschen, die das Fleisch dieser Tiere verzehren. Diese Stoffe sind chemisch stabil, bauen sich nur langsam ab und reichern sich deshalb stark in der Nahrungskette an.

Legion ist die Zahl der Stoffe, von denen man zwar längst weiß, daß sie gefährlich sind, ohne daß ihre Umwelt- und Gesundheitswirkungen allgemeingültig bestimmt worden wären. Zum Beispiel Asbest. Das Problem liegt im detaillierten Verursachungsnachweis. Allein im Bereich der Chemie sind heute über 100000 Stoffe in mehr als einer Million Zubereitungen auf dem Markt. Es ist schier unmöglich, die gesundheitliche Wirkung all dieser Stoffe detailliert zu untersuchen und zu kontrollieren. Vollends aussichtslos wird das Unterfangen, wenn man noch die blockierenden oder verstärkenden Wechselwirkungen zwischen all diesen Stoffen in Betracht ziehen wollte.

Es ist deshalb fast immer relativ einfach, einem Gutachten mit einem Gegengutachten zu begegnen. Man muß es nur bestellen und gut bezahlen. Obendrein sind die Wirkungen von Umwelteinflüssen und die der Lebensweise oft überhaupt nicht auseinanderzuhalten. Selten hängt eine Erkrankung so eindeutig mit der Lebensweise zusammen, wie das Lungenkrebsrisiko mit dem Rauchen. Wieviel geht auf das Konto von Streß im Berufsleben und im Alltag? Bei der Ernährung kann man die Wirkungen, die auf belastete Lebensmittel zurückgehen und jene, die von falschen Ernährungsgewohnheiten ausgehen, im Ergebnis praktisch nicht auseinanderhalten. Deshalb hat, wer einen Zusammenhang von Umwelt- und Gesundheitsbelastung vertritt, immer gute Argumente, und wer diesen Zusammenhang bestreitet auch.

Die Wissenschaft wird auf solche Wirkungsfragen fast niemals eine eindeutige und entschiedene Antwort geben. Sie kann es nicht, aus Methode nicht. Selbst in der Ozon- und CO_2-Frage brauchte die Wissenschaft Jahrzehnte, ehe sie sich dazu durchringen konnte, längst erhärtete Tatsachen klar und deutlich auszusprechen. Man ist zwar als Politiker u. a. auch darauf angewiesen, sich wissenschaftlich zu informieren, aber man wäre als Politiker nicht gut beraten, sich vom Rat der Wissenschaftler abhängig zu machen. Jeder hat wohl den Wunsch, manchmal ein wenig entlastet zu werden. Es wäre jedoch mehr als unklug, politische Entscheidungskompetenz und Verantwortung an Experten abgeben zu wollen. Statt die demokratische Meinungs- und Willensbildung zu stärken, würde man dazu beitragen, eine Expertokratie, ein System methodisch organisierter Verantwortungslosigkeit, zu errichten. Der Rat für Umweltfragen stellt dazu fest:

»Grenzwerte sind – das wird in der Öffentlichkeit oft verkannt – nicht streng deduktiv aus wissenschaftlichen Meßergebnissen abgeleitete Werte, die jedes denkbare Risiko ausschließen. Sie haben vielmehr den Charakter von Konventionen auf der Basis wissenschaftlicher Risikoabschätzung einerseits und sozialer Kompromisse über die Vertretbarkeit von Risiken andererseits«[1].

Mit anderen Worten: Das Niveau gesundheitlicher Unbedenklichkeit ist weitgehend eine Frage kultureller Einstellungen und politischer Verhandlungen. Statistisch gesicherte Zusammenhänge geben dabei wertvolle Hinweise. Zwar weiß man in der Regel niemals ganz genau, wie Umweltfaktoren und Gesundheit im detaillierten Einzelfall miteinander zusammenhängen. Aber es ist, wie ein führender Erkenntnisphilosoph einmal gesagt hat, besser, ungefähr richtig als genau falsch zu liegen. Man weiß genug, um die Bereiche Umwelt und Gesundheit politisch eng miteinander zu verbinden. Schließlich muß die Solidargemeinschaft auch dafür aufkommen, wenn die

[1] Der Rat von Sachverständigen für Umweltfragen (Hg), *Umweltgutachten 1987*, Stuttgart/Mainz 1988, 30.

umweltbedingten Gesundheitsschäden auf mancherlei Weise bei Krankenkassen, Rentenanstalten und Sozialämtern in Milliardenhöhe zu Buche schlagen. Das bedeutet zum Beispiel, daß einer Empfehlung des Sachverständigenrates für Umweltfragen folgend, die Gesundheitsämter zu Fachbehörden des gesundheitlichen Umweltschutzes ausgebaut werden.

Gefahr erkannt, aber nicht gebannt

Unterdessen wird der nachträgliche Umweltschutz beträchtlich ausgebaut – und die ökologische Frage spitzt sich weiter zu. Wie erläutert, ist dies keineswegs paradox, denn hier kommt derselbe Zusammenhang zum Tragen wie der zwischen dem Ausbau einer überwiegend kurativen Medizin und einer dennoch nicht besser werdenden Volksgesundheit. Erfolge des herkömmlichen Umweltschutzes sind unbestreitbar, und doch bewirken die weiterhin vorhandenen Rahmenbedingungen, daß es sich vorerst in vielen Fällen noch um Sysiphus-Erfolge handelt.

Ein typisches Beispiel ist der Straßenverkehr. Die heutigen Autos verbrauchen im Vergleich zu ihren Vorgängermodellen vor 20 Jahren erheblich weniger Treibstoff, um eine gleiche oder höhere Leistung zu erzielen. Der Bleianteil im Benzin konnte gesenkt werden und wird bald ganz herausgenommen sein. Umweltwirksame Geschwindigkeitsbegrenzungen indes oder die Einführung des geregelten Dreiwegekatalysators konnten aufgrund vielfacher Widerstände seitens der Industrie, der autofahrenden Bevölkerung und anderer nationaler Interessen in Europa bisher nicht realisiert werden. Zugleich ist die Zahl der Autos auf unseren Straßen weiter gewachsen, diese Autos sind eher größer als kleiner geworden, und die Gesamtzahl der gefahrenen Kilometer hat erheblich zugenommen. Damit sind einige umwelttechnische Verbesserungen durch das bloße Wachstum des Autoverkehrs mehr als zunichte gemacht worden, und die straßenverkehrsbedingte Belastung der Luft mit Kohlenmonoxyd, Stickoxyd und organischen Verbindungen hat sich beträchtlich verschlechtert.

Die Verwendung von Fluorchlorkohlenwasserstoffen (FCKW) ist ein weiteres Beispiel. In den vergangenen zehn Jahren ist in Europa die Verwendung in Sprühdosen aufgrund einer Selbstverpflichtung der Industrie zwar merklich zurückgegangen, aber in Schaumstoffen hat sie zugenommen und auch die Menge im Export. Es kann inzwischen nicht mehr ausgeschlossen werden, daß die FCKWs für das Entstehen des Ozonlochs über dem Südpol eine Rolle spielen. Wenn dieses Ozonloch weiter wächst, kommt es zu zunehmenden Ernteschäden und erhöhter Hautkrebs-Wahrscheinlichkeit, vorerst besonders in der südlichen Hemisphäre.

Maßnahmen zur Rettung der lebenswichtigen Ozonschicht sind besonders schwierig durchzusetzen, weil das Problem allen Beteiligten als ziemlich »weit weg« vorkommt. FCKWs, die heute in die Atmosphäre gelangen, entfalten ihre Wirkungen in der Ozonschicht erst in zehn Jahren, tun dies dann aber fast ein Jahrhundert lang, ehe sie sich wieder abgebaut haben. So würde selbst ein sofortiges Totalverbot von FCKWs sich erst in knapp hundert Jahren entscheidend auswirken. Weitermachen wie bisher freilich verschlimmert die Schäden um das Vielfache.

Das Problem besteht in ähnlicher Weise beim Grundwasser. Die Sauberkeit vieler Tiefbrunnen ist trügerisch. Je nach geologischen Gegebenheiten kann es ein bis mehrere Jahrzehnte dauern, ehe das Wasser von der Oberfläche bis in die Tiefe durchgesickert ist. Der Großteil des natürlichen Mineralwassers, das wir heute trinken, ist Jahrzehnte und Jahrhunderte alt. Es kommt weitgehend noch aus der Zeit ohne Agrarindustrie. Mit der Agrarindustrie aber hat die Bodenbelastung und damit auch die des Sickerwassers mit mineralischen Düngern, Herbiziden, Fungiziden und Insektiziden allein in den letzten 20–30 Jahren je nach Land in Europa um 150–300 % zugenommen. In den intensiveren Landwirtschaftsgebieten Europas stieg die Nitratkonzentration im Grundwasser von 4 mg/l 1960 auf 14 mg/l Anfang der 80er Jahre. Die Müllberge haben sich in den letzten 30 Jahren versechsfacht. Altlasten wie Gift auf Müllkippen oder Asbeststaub in der Luft sind tatsächlich buchstäbliche Zeitbomben. Es gibt noch viele Beispiele.

Bei jedem dieser Umweltprobleme stößt man auf eine vergleichbare Sachlage. Die vorhandenen Wirkungsketten verstärken einander normalerweise mehr als daß sie einander aufheben, und sie ereignen sich eher langfristig. Psychologisch gesehen verführt das zu der wenig verantwortungsvollen Ausflucht, »mich betrifft das ja doch nicht so stark«. Das St.-Florians-Prinzip ist hier am Wirken: »Heiliger St. Florian, verschon mein Haus, zünds nächste an«. Des weiteren ist es bei komplexen Wirkungsketten meist nicht möglich, Verursacher eindeutig festzustellen oder ihre Schadensanteile zuverlässig zu bestimmen. Folglich sind auch Kosten kaum im einzelnen zurechenbar. Das wiederum macht es den Beteiligten leicht, Schäden auf andere abzuschieben und die Kosten dafür abzuwälzen.

Die Gefahren sind zwar erkannt, zumindest einige, aber damit sind sie längst nicht gebannt. Selbst im denkbar besten Fall rollt die Hauptlast einer in den vergangenen Jahrzehnten bereits losgetretenen Lawine von Folgeschäden und Folgekosten erst noch auf uns zu. Außer den schon erwähnten gehören hierzu auch klimatische Veränderungen, wahrscheinlich Treibhauseffekte, durch die Anreicherung der Atmosphäre mit CO_2, Methan, Stickstoffoxyden und durch die Abholzung der Tropenwälder.

Falls diese Prozesse im bisherigen Tempo andauern, könnte es sein, wie Experten ermittelt haben, daß die Durchschnittstemperatur im kommenden Jahrhundert um 1,5° oder höher zunimmt. Das liest sich harmloser, als es in Wirklichkeit ist. Ein Teil der Tundren würde auftauen, ein Teil des Polareises schmelzen und das Meeresniveau alle 20–30 Jahre um etwa 90 cm steigen. Simulationsmodelle ergaben, daß unter diesen Bedingungen Regenfälle und Pflanzenwachstum in den Tropen, in Kanada, Sibirien und China wahrscheinlich zunehmen, in den USA und Europa aber abnehmen würden. Man muß sich das plastisch vorstellen. Die Waterkant stünde unter Wasser, und im Rest der Republik würde man schwitzen und unter der Dürre darben. Gewiß beruhen solche Simulationsmodelle immer auf einer Reihe von Annahmen, die immer wieder hinterfragt werden müssen. Sie sind bedingte Wenn-Dann-Prognosen und deshalb mit Zurückhaltung aufzunehmen. Aber daß derart monströse Szenarien von ernsthaften Leuten überhaupt in Betracht gezogen werden, darf man getrost als Schrillen der Alarmglocke werten. Wenn die Umweltpolitik weiterhin von kurzsichtigen Gruppenegoismen und nationaler Kirchturmsmentalität beherrscht wird, kann es am Ende dieses unsolidarischen Spiels nur Verlierer geben. Der Ehrgeiz eines jeden Anteil nehmenden und engagierten Menschen müßte doch darin liegen, den professionellen Pessimisten nicht auch noch recht zu geben.

Steigende Schadenskosten, sinkender Nutzen

Unterdessen betragen in den OECD-Ländern die Umweltschadenskosten allein durch Luftverschmutzung jährlich 3–5 % des Bruttosozialprodukts. Lutz Wicke vom Umweltbundesamt ist zu dem Ergebnis gekommen, daß sich die Bilanz der rechenbaren ökologischen Schäden für die Bundesrepublik Deutschland 1986 auf über 103 Milliarden Mark belief. Die vielerlei Einzelposten, die in dieser Summe enthalten sind, reichen z. B. von Gesundheitsschäden durch Luftverschmutzung über Grundwasserschäden bis zu Wohnwertverlusten durch Lärm. Christian Leipert vom Wissenschaftszentrum Berlin gelangte mit detaillierteren und umfassenderen Abgrenzungen zu noch höheren Werten. Ihm zufolge sind die »defensiven Ausgaben«, wie die Schadens- und Schadensabwehrkosten bei ihm heißen, von 64 Milliarden Mark 1970 auf 156 Milliarden 1985 gestiegen. Das sind 10 Prozent des Bruttosozialproduktes.

In beiden Berechnungen wurde eher zurückhaltend verfahren. Allein die jetzt fällig werdenden Sanierungen von Altlasten, also die Reparatur unzureichender Deponien und die Reinigung vergifteter Böden und Sickerwässer, werden viele Milliarden zusätzlich verschlingen. Desgleichen das Waldsterben. Es kostet pro Hektar ca. eine Million Mark, zerstörten Schutzwald in den Alpen durch Baumaßnahmen gegen Lawinen und Muren zu schützen. In den deutschen Alpen, die ja nicht einmal ein großes Gebiet ausmachen, gibt es 25 000 Hektar gefährdeten Waldes. Wer soll das bezahlen, wenn diese Schäden akut werden? Selbst wenn die Kosten auf dem Weg eines Lastenausgleichs erbracht würden, so hat man die Waldschäden als solche damit nicht behoben. Man wird lediglich Folgeschäden eingedämmt haben, und das Auge wird statt grüner Tannen verkarstete Hügel und kahle Kuppen mit Beton und Stahlverstrebungen erblicken. Das ist nicht nur eine Frage der Ästhetik und des subjektiven »Freizeitwertes«. Auch der wirtschaftliche Gebrauchswert verfällt. Landwirtschaft und Fremdenverkehr trifft es am meisten. Umweltverschlechterung bedeutet, es tut sich eine Schere auf zwischen steigenden Schadenskosten und sinkendem Wirtschaftswert.

Für eine Umweltethik ohne doppelten Boden

Eigentlich sollte man meinen, alle diese Sachverhalte könnten als bekannt vorausgesetzt werden. Jedoch werden solche Informationen anscheinend gleich nach Empfang gerne wieder verdrängt. Es besteht eine merkwürdige Kluft zwischen dem, was wir schon lange wissen, und den Konsequenzen daraus. Man erklärt zwar bei Umfragen seine Bereitschaft, zu Konsequenzen bereit zu sein, aber wenn die Stunde der Wahrheit kommt und der eigene Geldbeutel betroffen ist, scheinen viele doch lieber zur billigeren und weniger umweltfreundlichen Ware zu greifen.

Sämtliche Umfragen bestätigen eine im allgemeinen pessimistische Einschätzung der Umweltsituation durch die Bevölkerung, besonders was toxischen Sondermüll und Atommüll anbelangt. Entsprechend wird Umweltschutz als »ein dringendes und sofort zu lösendes Problem« eingestuft, und zwar von 80–85% der Deutschen, Dänen und Italiener und immerhin noch von 60–70% der Engländer, Franzosen und Spanier.[1] Dieser dringliche thematische Stellenwert wird in der Regel nur noch von der Sorge um die Arbeitsplätze übertroffen.

Die Meinungsumfragen bestätigen eine werteorientierte Politik auch im Bereich der Umwelt. Es besteht eine deutliche Wertepräferenz. Gewährleistet sehen möchten

9% einen Vorrang der Wirtschaft vor der Umwelt.
32% einen Ausgleich zwischen Wirtschaft und Umwelt und
50% einen Vorrang der Umwelt vor der Wirtschaft.

Auch sagen über drei Viertel der EG-Bürger, daß es sie sehr interessiert, was in hundert Jahren auf der Welt geschieht, und sie erklären sich bereit, selbst etwas dafür zu tun, damit wir

[1] *Die Europäer und ihre Umwelt*, hg. v. der Kommission der EG, Brüssel 1986.

unseren Nachkommen keine Öko-Wüste hinterlassen. Man wirft Abfälle nicht mehr achtlos weg, achtet auf Wiederverwendung (Abfälle trennen) und vergeudet kein Wasser. Zurückhaltender wird die Bereitschaft, wenn es darum geht, einen Aufpreis z. B. für sauber produzierten Strom zu zahlen. Im Gesamturteil räumt man ein, im eigenen Lebensbereich meist »nur schwache Maßnahmen« zu ergreifen. Um so mehr erwartet man von Politikern und Behörden.

Dieser Befund deutet darauf hin, daß in den vergangenen Jahren eine neue Umweltethik entstanden ist – eine Ethik, die sich allerdings nicht immer handlungsleitend auswirkt. Die neue Umweltethik hat sich mit bedeutungsschweren Formulierungen wie »Schutz des Lebens« oder »Schutz der natürlichen Lebensgrundlagen« Gewicht verschafft. Niemand mehr kann sich heute öffentlich über diese Norm hinwegsetzen, ohne sich gesellschaftlich unmöglich zu machen. Von Politikern und Wirtschaftsführern erwartet man ein ausdrückliches Bekenntnis zum Umweltschutz, ganz ähnlich wie zur Gleichberechtigung der Geschlechter und Rassen, zum Rechtsstaat, zur freiheitlichen Demokratie und zur sozialen Marktwirtschaft.

Eher weniger ins Bewußtsein gedrungen ist jedoch bislang, daß mit dem neuen Recht auf eine intakte Umwelt auch gewisse Pflichten verbunden sind. Ohne eine entsprechende Bereitschaft, sein Verhalten zu ändern, müßte die neue Umweltethik ein reines Lippenbekenntnis bleiben. Wir müssen erst noch die Werbetrommel dafür rühren, damit allen klar wird, daß wir nicht von einer Beliebigkeit des Meinens ausgehen dürfen, sondern daß wir auf praktisch verantwortete Überzeugungen angewiesen sind. Man muß seine Wertpräferenzen im Zweifelsfall kennen und ihnen auch folgen. Wir leben in einer pluralistischen Gesellschaft, aber dies ist ein Pluralismus der Werte, kein wert-freier Pluralismus mit einer wertlosen Politik.

Zum Sozialstaat gehört die Sozialpartnerschaft zwischen Kapital und Arbeit. Auf Gegenseitigkeit besteht nicht nur eine Leistungspflicht der Arbeit, sondern auch eine Sozialpflichtigkeit des Kapitals. Das gehört heute zum festen Bestandteil einer allgemein geteilten Sozialethik. *Neu ist, daß die Sozialpflichtigkeit nun um eine Umweltpflichtigkeit ergänzt und erweitert* worden ist. Dies ist ein begrüßenswerter sozialer, genauer gesagt, *sozialökologischer* Fortschritt. Nur ist dies noch nicht das ganze Bild. Man kann die ökologische Frage nicht nach dem Kapital-Arbeit-Muster der klassischen sozialen Frage aufrollen. Das wäre zu kurz gegriffen. Wenn wir davon ausgehen, daß die Sozialpartnerschaft durch eine Umweltpartnerschaft ergänzt und erweitert wird, dann muß man erkennen, daß der Kreis der an der Umweltpartnerschaft de facto Beteiligten weit über den Kreis von Kapital und Arbeit hinausgeht. *Wir alle* konsumieren Ressourcen und produzieren Umweltbelastungen. Umweltpflichtig ist das Kapital und ebenso der Staat, aber auch alle Privatpersonen als Verbraucher in ihrem Haushalt. Diese Einsicht hat sich noch nicht konsequent durchgesetzt.

In der Umweltfrage besteht eine offensichtliche Nichtübereinstimmung zwischen Problemverursachung und Problemwahrnehmung. Man ist hier mit von der Partie bei einem Schwarzen-Peter-Spiel, bei dem es mehrere Schwarze Peter gibt, aber nicht geklärt worden ist, welche Karten das sind. So kann sich jeder Illusionen darüber hingeben, selbst keine schwarze Nase oder vielleicht doch keine ganz so schwarze zu haben. Dem entspricht die Haltung, sich Umweltnutzen anzueignen und Umweltkosten und Schäden auf die Allgemeinheit abzuwälzen. So herrscht de facto statt des Verursacherprinzips das Gemeinlastprinzip. Statt die Umweltschäden unter Kontrolle zu bekommen, eskalieren sie in einer Spirale allgemeiner Schadensumwälzung. Zuguterletzt erwartet man von der Regierung, sie solle alles wieder richten. Aber die Regierung steht ihrerseits gewiß nicht unter weniger Komplexitäts-Streß.

Bei der klassischen sozialen Frage gab es noch eine scharfe Klassentrennung und eine klare Rollenverteilung. Bei der ökologischen Frage ist das anders. Von vornherein sind alle von den Umweltproblemen betroffen und, über vielfältig vernetzte Produktions-Konsum-Kreisläufe, an der Entstehung der Umweltprobleme beteiligt. Ob kleiner Gewerbebetrieb oder große Industrie, ob öffentliche Institution oder privater Haushalt, alle sind Mit-Verursacher und Mit-Leidtragende – wenngleich natürlich in unterschiedlichem Ausmaß, auf unterschiedliche Art und Weise und nicht zuletzt bei noch unterschiedlichem Bewußtsein von diesem Sachverhalt.

Als Verursacher der Umweltverschmutzung werden allgemein »chemische Fabriken«, »Stahlwerke« oder der »Autoverkehr« genannt. Es wird übersehen, daß am »Autoverkehr« mittlerweile so gut wie alle beteiligt sind und daß die Fabriken Dinge produzieren, die allgemein gekauft und konsumiert werden, vom Kühlschrank bis zum Papiertaschentuch. Es ist nicht konsequent, dem Umweltschutz höchste Priorität einzuräumen, ohne die praktische Bereitschaft, für die bessere Lebens- und Umweltqualität auch einen erhöhten Preis zu entrichten. Ohne laufende hohe Umweltinvestitionen kann unser natürliches Kapital so wenig erhalten werden wie jedes andere. Beiträge zu den gesamten Umweltinvestitionen müssen von den Unternehmen kommen, zum Teil müssen sie im Staatshaushalt vorgesehen werden, und zum Teil müssen sie sich in einem veränderten Nachfrageverhalten und in noch konsequenteren Konsumpräferenzen der privaten Haushalte niederschlagen. Es gibt Ansprüche, die sich durch häufiges Wiederholen entwerten, und es gibt andere, die eine nicht zu verschleißende klassische Wahrheit zum Ausdruck bringen. Zu letzteren gehört, daß Qualität ihren Preis hat. Umweltqualität und Lebensqualität machen davon keine Ausnahme.

Subsidiäre und solidarische Umweltpolitik

Die ökologischen Wirkungszusammenhänge sind so komplex und überpersönlich, daß eine spontane Zuständigkeit nicht mehr entsteht. Das fehlende Band der Solidarität muß durch Ordnungspolitik wiederhergestellt werden. In der modernen Gesellschaft übersteigen die Erfordernisse in vielen Fällen die Möglichkeiten der Familie und lokalen Gemeinschaft. Deshalb mußten sie durch die organisierte Solidargemeinschaft, durch die Systeme der sozialen Sicherung und der sozialen Dienste, der Fürsorge und Vorsorge, komplettiert werden – freilich ohne sie deshalb aus der Eigenverantwortung gänzlich zu entlassen.

In der ökologischen Frage stehen wir sinngemäß vor dem gleichen Problem. In einer hochgradig verstädterten, industrialisierten und internationalisierten Welt entsteht die Umwelt-Solidargemeinschaft nicht spontan. Sie muß organisiert werden. Dies nicht nur, um fehlende Möglichkeiten einzelner Beteiligter zu ergänzen und zu vervollständigen, sondern auch um gerechte Verhältnisse herzustellen. Erst dann und nur dann, wenn gleiche Rahmenbedingungen für alle gelten, ist es nicht mehr möglich, sich als Umweltsünder ungerechte Vorteile zu verschaffen und die Umweltkosten auf andere oder die Allgemeinheit abzuschieben. Freilich sollen deshalb keineswegs einzelne Beteiligte und Teilverursacher aus der Eigenverantwortung entlassen werden. Auch die Umweltpolitik ist subsidiär zu ordnen, gemäß dem Vorrang der kleineren Einheit und dem Prinzip des geringstmöglichen Eingriffs. Was am Ladentisch geregelt werden kann, braucht nicht am grünen Tisch verordnet zu werden. Im Grundsatzprogramm der CDU 1978 heißt es dazu bereits:

»Es gibt Bereiche, in denen die Ordnungspolitik der sozialen Marktwirtschaft besonders herausgefordert ist. Dazu gehören

Umweltschutz, Landwirtschaft, Energieversorgung, Raumordnung und Verkehr. Der Staat hat die Aufgabe, diese Bereiche durch die Aufstellung von Rahmendaten und notfalls durch Gebote und Verbote so zu ordnen, daß die im allgemeinen Interesse gebotenen Ziele auch tatsächlich erreicht werden. Dabei verdient immer der verhältnismäßig geringste Eingriff den Vorzug. Gebote oder Verbote halten wir für äußerste Mittel, die nur dort eingesetzt werden dürfen, wo Alternativen nachweislich versagen.

Die Erhaltung der natürlichen Grundlagen des Lebens ist ein Stück verantworteter Freiheit. Wer in der Gegenwart die natürlichen Grundlagen des Lebens verantwortungslos ausbeutet und die ökologischen Zusammenhänge stört, verletzt die Solidarität zwischen den Generationen. Technischer Fortschritt und qualitätsorientiertes Wachstum sind jedoch unverzichtbar und stehen in keinem unüberbrückbaren Gegensatz zum Schutz unserer natürlichen Reserven und Umwelt.«

Im subsidiären Gefüge der Umweltpolitik lassen sich verschiedene Stufen unterscheiden. Die erste besteht im persönlichen Verbraucherverhalten und in der privaten Haushaltsführung. Es muß einfach Ehrensache werden, einem umweltfreundlicheren Produkt den Vorzug zu geben, auch wenn es ein paar Mark teurer ist. Als Sozialpolitiker ist einem die schwierige Lage einkommensschwacher Haushalte besonders bewußt. Aber diese dürfen der wohlhabenden großen Mehrheit nicht als scheinheilige Ausrede dafür herhalten, in unsolidarischer Weise eigenen Umweltnutzen zu maximieren, aber die Kosten dafür zu minimieren. Man schätzt zum Beispiel, daß eine 90prozentige Schadstoffreduzierung der Kohlekraftwerke den Strompreis um 5 Prozent erhöhen würde. Für saubere Luft darf einem das nicht zu teuer sein, unbeschadet der zutreffenden Hinweise auf die Notwendigkeit einer Reform der Stromtarife auch für industrielle Verbraucher, die zum Energiesparen, nicht zum Verschwenden einlädt. Für Steuern und Sozialabgaben erhält man jedenfalls noch keinen Umweltablaß.

Auf einer nächsten Ebene sollten Selbstverpflichtungen,

freiwillige Vereinbarungen und Leitlinien in Unternehmen, Kommunen, Branchen zum Tragen kommen. Sie werden vielfach propagiert, um gesetzlichen Maßnahmen und überhaupt staatlichen Eingriffen zuvorzukommen. Es kann nur gut sein, wenn der Staat etwas nicht zu regeln braucht, weil Beteiligte und Betroffene fähig sind, es selbst zu regeln. Allerdings werden Selbstverpflichtungen nur dann dauerhaft wirksam sein und Respekt in der Öffentlichkeit genießen, wenn sie nicht Propaganda-Maßnahmen, sondern echte Leistungen darstellen und die Fristen, die man sich setzt, nicht allzu bequem sind. Daß man sich z. B. 1975 freiwillig verpflichtete, FCKWs in Spraydosen nach und nach zu verringern, war nicht gerade eine Großtat angesichts der Notwendigkeit, die Verwendung von FCKWs besser gestern als heute überhaupt zu unterlassen und der Tatsache, daß FCKWs als Kühlmittel und zum Schäumen von Kunststoffen weiterhin uneingeschränkt genutzt werden. Auch weiß man nicht so recht, was man davon halten soll, wenn einem 1981 zugesichert wurde, es würden Anstrengungen unternommen, den Kraftstoffverbrauch von Fahrzeugen um zehn Prozent zu senken, und man nachträglich erfährt, daß es dazu weiterer Anstrengungen kaum mehr bedurfte, weil diese Veränderung ohnedies zum vorgesehenen Stand der damals kommenden Fahrzeugtechnik gehörte. Aber solche Fälle schmälern nicht den Wert und die Nützlichkeit von freiwilligen Vereinbarungen. Respektable Selbstverpflichtungen sollten tatsächlich zu einem festen Bestandteil der Industriekultur werden.

Ebenfalls noch auf privater Ebene wurde in den vergangenen Jahren zunehmend eine Umwelt-Schadenshaftung ins Gespräch gebracht. Dahinter steht der im Prinzip überzeugende Gedanke, daß, wer im Schadensfall haftet, mögliche Schadensfälle vorsorglich zu vermeiden sucht. Soweit dieser Vorsorge-Mechanismus tatsächlich bestätigt werden kann, läßt sich eine Erweiterung oder Verschärfung des schon bestehenden Haftungsrechts ins Auge fassen. Jedoch muß man sehen, daß das Verursacherprinzip im Umweltschutz erhebliche Tücken besitzt. Oft ist es weder faktisch noch aus Gerechtigkeitsgründen möglich, einen bestimmten Verursacher oder eine genau abgegrenzte Verursacher-Gemeinschaft eindeutig zu bestimmen. Vor allem aber sind manche Umweltrisiken so beträchtlich, daß entweder Versicherungsgesellschaften solche Risiken nicht mehr versichern oder potentiellen Verursachern die Prämien bzw. die zu erwartenden Schadenssummen *zu* hoch werden. Die Wirkung wäre in diesen Fällen also nicht präventiv und innovativ, sondern prohibitiv. Das kann nicht Sinn der Sache sein. Insgesamt ist der Gedanke aber sehr interessant.

Auf einer nächsten Stufe ist die Zusammenarbeit von Staat und einzelnen Akteuren gefordert. Einrichtungen, Infrastrukturen und Technologien, die ressourcen- und umweltpolitisch erwünscht sind, können öffentlich gefördert werden. Ein Instrumentarium dafür ist vorhanden. Es muß nur entsprechend zielstrebig angewendet werden. Eines der Grundprobleme liegt darin, daß Umweltschutzmaßnahmen weitgehend noch nachgeschaltet sind, wie z. B. der Katalysator in der Auspuffanlage. Als solche sind sie zwar, weil angefügt, leicht abgrenzbar, aber auch gegenüber integrierten Lösungen erst in zweiter Linie förderungswürdig. Die integrierten Lösungen dagegen sind Teil des allgemeinen Innovationsprozesses. Neue Technikgenerationen sind an und für sich meist effektiver und sauberer als ihre Vorläufer, und die öffentliche Hand soll nicht generell die Produkt- und Verfahrensentwicklung fördern. Es gibt dennoch erprobte Möglichkeiten, wie der Staat private Akteure bei der Entwicklung von »sauberen Technologien« wirksam unterstützen kann.

Die wirksamsten Möglichkeiten des Staates liegen weiterhin im Bereich des Umweltrechts, in Geboten und Verboten, in der Festsetzung verbindlicher Grenzwerte u. ä. Dabei sollen Ziele bestimmt, nicht die Techniken und sonstige Mittel und

Wege vorgeschrieben werden, mit denen die Ziele erreicht werden. Die Grenzen dieses sozusagen klassischen Ansatzes liegen allerdings darin, daß ein ausgedehntes Umweltrecht auch eine ausgedehnte Umweltbürokratie mit sich bringt. Eine solche wird, um die Gesetze zu vollziehen und ihre Einhaltung zu kontrollieren, fraglos benötigt. Aber jenseits gewisser Grenzen wird jede Bürokratie selbst zum Problem. Man kann unmöglich den ganzen Wirtschaftsprozeß unter dem Umweltaspekt kontrollieren wollen. Davon abgesehen, daß sich derartiges mit einer freiheitlichen Gesellschaftsordnung nicht verträgt, wäre es auch eine Illusion, zu glauben, irgendeine Bürokratie wäre dazu überhaupt in der Lage.

Deshalb muß das Umweltrecht von öffentlicher Seite durch gewisse Möglichkeiten der globalen Steuerung ergänzt werden. Zu diesen Möglichkeiten gehört ein bereits erprobtes abgabenpolitisches Instrumentarium (z. B. Abwasserabgabe, Müllgebühren). Solche Abgaben und Gebühren sind, unter Maßgabe der tatsächlichen ökologischen Gesamtkosten, gezielt erweiterungsfähig. Auch die Steuerpolitik ist schon immer zugleich eine wirksame Steuerungspolitik. Es wird sehr wichtig sein, sich in diesen Fragen vom Lagerdenken von gestern freizumachen.

Am wichtigsten aber wird sein, daß wir in Zukunft die Preise für die Produkte anders kalkulieren. Wir brauchen künftig eine Vollkostenkalkulation, welche die Umweltkosten mit berücksichtigt. Unsere Umwelt ist kein freies, sondern ein sehr knappes Gut. Es muß kalkuliert werden. Wir haben nur diese eine Erde.